中文社会科学引文索引（CSSCI）来源集刊

产业经济评论

REVIEW OF INDUSTRIAL ECONOMICS

第 19 卷　第 2 辑　（总第 62 辑）

主编　臧旭恒

中国财经出版传媒集团
经济科学出版社
Economic Science Press

图书在版编目（CIP）数据

产业经济评论. 第19卷. 第2辑/臧旭恒主编.
—北京：经济科学出版社，2020.6
ISBN 978 - 7 - 5141 - 5147 - 3

Ⅰ.①产…　Ⅱ.①臧…　Ⅲ.①产业经济学 - 文集
Ⅳ.①F260 - 53

中国版本图书馆 CIP 数据核字（2020）第 102504 号

责任编辑：李一心
责任校对：王苗苗
责任印制：李　鹏　范　艳

产业经济评论

第 19 卷　第 2 辑　（总第 62 辑）
主编　臧旭恒
经济科学出版社出版、发行　新华书店经销
社址：北京市海淀区阜成路甲 28 号　邮编：100142
总编部电话：010 - 88191217　发行部电话：010 - 88191522
网址：www.esp.com.cn
电子邮件：esp@esp.com.cn
天猫网店：经济科学出版社旗舰店
网址：http://jjkxcbs.tmall.com
北京季蜂印刷有限公司印装
787×1092　16 开　10.75 印张　210000 字
2020 年 6 月第 1 版　2020 年 6 月第 1 次印刷
ISBN 978 - 7 - 5141 - 5147 - 3　定价：35.00 元
（图书出现印装问题，本社负责调换。电话：010 - 88191510）
（版权所有　侵权必究　打击盗版　举报热线：010 - 88191661
QQ：2242791300　营销中心电话：010 - 88191537
电子邮箱：dbts@esp.com.cn）

目 录

税收优惠会导致企业产能过剩吗？
——基于行业投资趋同和企业过度投资双重作用机制检验
　　　　　　　　　　　　　　　　　刘慧凤　朱　贺　熊宗惠　1

竞争企业间部分所有权对竞争的影响及反垄断政策研究述评与展望
　　　　　　　　　　　　　　　　　　　　　于　左　张容嘉　32

资本跨区流动对区域产业结构优化升级的影响
——基于 2003~2016 年的 275 个地级市面板数据的实证研究
　　　　　　　　　　　　　　　　　许清清　李振宇　江　霞　47

地价扭曲、功能分工与城市群产业效率
　　　　　　　　　　　　　　　　　　　　　赵　祥　曹佳斌　76

产品异质性、生产率与企业出口目的地
　　　　　　　　　　　　　　　　　　　　　邢　洁　刘国亮　104

企业社会责任信息质量与业绩操纵
——基于沪深 A 股上市公司年报的文本分析
　　　　　　　　　　　　　　　　　宋　岩　李　帅　张鲁光　124

中国大企业特征研究：基于 2015~2019 年中国百强企业数据的分析
　　　　　　　　　　　　　　　　　　　　　杨振一　孙孟子　142

CONTENTS

May the Tax Preferences Cause Overcapacity of Enterprises?
　—Test Based the Double Mechanism of Investment Convergence and
　　Overinvestment
　　　　　　　　　　　　　　　Huifeng Liu　He Zhu　Zonghui Xiong　30

The Review and Prospect on the Influence of Partial Ownership among
　Competitive Enterprises on Competition and Antitrust Policy
　　　　　　　　　　　　　　　　　　Zuo Yu　Rongjia Zhang　46

Research on the Optimization and Upgrading of Industrial Structure of
　Heterogeneous Urban Agglomeration by Capital Cross-regional Flow
　　　　　　　　　　　　　Qingqing Xu　Zhenyu Li　Xia Jiang　72

Land Price Distortion, Functional Division and the Industrial Efficiency of
　Urban Agglomeration
　　　　　　　　　　　　　　　　　　Xiang Zhao　Jiabin Cao　101

Product Heterogeneity, Productivity and Enterprises' Export Destinations
　　　　　　　　　　　　　　　　　　Jie Xing　Guoliang Liu　123

Corporate Social Responsibility Information Quality and Performance Manipulation
　—A Text Analysis Based on the Annual Reports of A-share Listed
　　Companies in Shanghai and Shenzhen
　　　　　　　　　　　　　Yan Song　Shuai Li　Luguang Zhang　141

The Research on the Characteristics of Chinese Large Enterprises: Based on
　An Analysis of Top 100 Chinese Enterprises from 2015 to 2019
　　　　　　　　　　　　　　　　　Zhenyi Yang　Mengzi Sun　161

税收优惠会导致企业产能过剩吗？
——基于行业投资趋同和企业过度投资双重作用机制检验

刘慧凤　朱　贺　熊宗惠[*]

摘　要：论文通过实证检验税收优惠对企业产能利用率的影响机制，讨论产能过剩的形成过程。结果发现，在税收激励下，过度投资是降低产能利用率的部分中介，行业投资趋同是影响企业产能利用率的外在调节机制；但这种调节和中介机制在国有企业和非国有企业作用不同；税收优惠对企业产能利用率的影响从促进到降低要经历一个动态的情境变化过程，只有行业投资趋同程度较高且企业存在严重过度投资时，税收优惠才会导致产能过剩。因此，通过监控行业趋同程度和企业投资效率，精准地实施税收优惠政策，不仅可以通过税收激励提高企业产能利用率，而且可以避免产能过剩。

关键词：税收优惠　产能利用率　产能过剩　投资趋同　过度投资　机制

一、引　言

无论过去还是在当前发生疫情的特殊时期，我国政府都很重视税收优惠政策，税收优惠的激励效应起到促进投资、增加产能、促进研发等重要作用。但是已有的研究发现，财税政策不仅有正向激励效果，也有负向激励效应。因此，我们很关心如何趋利避害地采用财税政策工具。比如利用税收优惠政策鼓励企业转产、增产防疫物资，大大提高了防疫物资的产能，是否会在疫情过后出现新的产能利用率下降？这是关系到正确运用减税工具，趋利避害、精准发挥税收政策调节作用的重要研究课题。本文选择第四次产能过

---

[*] 刘慧凤：山东大学管理学院；地址：山东省济南市山大南路27号，邮编：250100；Email：lhuifeng@sdu.edu.cn。
朱贺：山东大学管理学院；地址：山东省济南市山大南路27号，邮编：250100；Email：zhuhe@sdu.edu.cn。
熊宗惠：山东大学管理学院；地址：山东省济南市山大南路27号，邮编：250100；Email：momingff@163.com。

剩期间样本①，探索税收优惠对产能利用率的影响机制，回答税收优惠是否会、以及在何种情境下导致产能过剩，以期望得出有助于提高税收治理效果的结论与建议。

为了能够系统地、准确地刻画出税收优惠影响产能利用率、诱发产能过剩的动态过程，论文分以下几步进行实证检验：首先，论证税收优惠通过影响投资而影响企业产能利用率的途径，结果发现：税收优惠与行业投资趋同负相关，与过度投资正相关，行业投资趋同在税收优惠与产能利用率之间负相关关系中发挥抵减调节效应，而企业内部过度投资是税收激励与产能利用率之间的中介变量；其次，进一步检验发现在国有企业与非国有企业中，税收优惠作用的途径存在差异，民营企业对税收优惠刺激更为敏感；最后，考虑行业的投资趋同程度、企业过度投资程度、产能利用率水平和享受税收优惠政策具有一定的异质性，大样本面板数据实证统计无法精细描述出这种异质性影响，将样本按行业投资趋同和过度投资的程度各分成高低两组，配对形成四种情形进行检验，刻画税收激励在不同行业趋同水平和过度投资程度下对产能利用率影响，以发现税收治理的有效区间，即只有在行业投资趋同程度较高且企业存在严重过度投资时，税收优惠才会导致企业产能过剩。因此，只要有效监控行业投资趋同形势和过度投资程度，动态调整税收政策，则既可以发挥税收的调节作用，又可以避免税收制度的负面效应。

论文研究的贡献在于：（1）系统论证税收优惠影响企业产能利用率的传导机制，解释了税收优惠政策调控产能的动态过程，深化和丰富财税政策作用于去产能的研究成果。论文从企业内外两个角度论证税收优惠影响企业产能利用率的机制，发现税收优惠并不会造成行业投资趋同，说明企业能够识别市场机会，并不会盲目跟风投资，而且行业投资趋同现象具有信号作用，有利于减轻税收优惠对产能过剩的影响。税收优惠会导致企业过度投资，过度投资会降低企业产能利用率。从行业投资趋同和过度投资的动态发展视角论证税收优惠对企业产能利用率的影响过程，发现精准地实施税收优惠，不仅可以提高产能利用率，而且可以预防控制产能过剩。（2）为精准实施去产能税收调节政策提供决策依据。已有研究发现去产能调控政策因为政府预测不准等原因效果欠佳。行业投资趋同调节效应和过度投资的中介效应不仅从税收视角解释产能过剩的过程，而且为预防税收优惠的负面效应，为精准实

---

① 张林教授在《中国式产能过剩问题研究综述》（载于《经济学动态》2016 年第 9 期，第 90~100 页）提到我国产能过剩按原因分为四个阶段，其中前三个阶段是主要原因或是周期性，或是非周期性、体制性、结构性和需求疲软性，第四个阶段是 2009 年以后产能过剩，是周期性和非周期原因共同导致的。我国在 2015 年 12 月底政府工作会议提出"三去一补"的政策。因为产能过剩行业存在着显著的去产能黏性（张斌、张列珂，2018），去产能的供给侧改革政策效果具有一定的滞后性，2017 年以后产能过剩必然明显减轻。我们考察税收优惠对产能利用率影响，探讨产能过剩的形成原因，所以要尽可能避开去产能政策的干扰，样本选择 2010~2016 年，这个阶段也是我国结构性减税改革政策多发时期。

施税收优惠政策提供了抓手,为提高税收治理的质量提供了建议。(3)为去产能财税政策提供重点对象。民营企业相比国有企业对税收优惠更加敏感,这意味着政府应该区别国有和民营企业,分别设计针对性政策组合,发挥税收政策在调控产能中的作用。

论文以下部分为文献综述、理论分析与研究假设、研究设计、实证检验结果、结论与政策建议。

二、文献综述

（一）财税政策与产能过剩的关系

关于产能过剩的形成原因有多种解释,有企业面临的预算软约束、投资效率和生产效率低、管理层权力和过度投资等影响,也有外部市场需求饱和、宏观政策调控等因素。从宏观视角,产能过剩可分为经济周期性、结构性和体制性三类。其中,体制性产能过剩是指政府通过直接或间接的方式对市场进行干预,为刺激投资和经济增长而向企业发出一些价格信号,导致的地方政府、企业强烈的投资冲动,从而导致企业做出"短视"的决策,使得某些行业快速扩张,导致供求失衡,进而造成产能过剩（周劲、付保宗,2011；韩国高等,2011）。体制性原因导致的产能过剩是可以通过政府行为调整避免的,也是研究的重要领域。许多研究论证了地方政府干预导致企业过度投资而引发产能过剩（王文甫等,2014）。财税政策作为政府调节经济的政策手段,与产能过剩的关系备受关注,其中财政政策与产能过剩相关性研究较多,但对其作用和传导机制的认识不同。

（1）财政政策动因论。部分研究发现地方税收竞争和财政补贴与地区、行业和企业产能过剩正相关,但对其传导机制的认识不同。白让让（2016）以中国乘用车制造行业为样本,研究发现中国政府对汽车行业实行"投资审批、税收减免和定向补贴"等政策造成了产能扩张。韩文龙等（2016）通过理论逻辑分析提出地方政府通过财政补贴、税收优惠、信贷优惠和降低土地等要素成本诱导企业的投资决策,以及企业以规模扩张为主的竞争策略共同推动企业过度投资,在退出限制时形成企业产能过剩。张亚斌等（2018）采用 PSM–DID 模型实证研究确认地方政府补贴与企业产能过剩有关,其原因在于政府和企业之间的信息不对称。徐齐利等（2019）发现投产式的政府补贴更可能导致老行业产能过剩。刘奕、林轶琼（2018）研究地方政府补贴对LED行业上市公司产能过剩,中介效应是资本价格扭曲。

（2）财税政策机制论。刘航、孙早（2014）研究了城镇化进程与地区产能过剩关系,传导机制是地方政府利用财政、税收、贷款和土地等方面的政策干预要素资源的配置效率,造成地区产能过剩。程俊杰（2015）指出产业政策与行业产能过剩相关，销售税负降低与行业产能过剩正相关。在工业化过程中，大量的新产业不断发展，在各地区之间激烈的 GDP 竞争之下，通过廉价供地、税收减免等方式竞争性招商引资，行业内部的有序竞争难以形成，行业无序竞争和各地重复建设严重。邹卫星等（2019）通过总结自 1999 年以来的 19 次行业产能调控发现，16 次政府预测结果都大幅度地偏离了实际值，在预测不准情况下，各地区通过廉价供地、税收减免等方式竞争性招商引资，行业无序竞争和各地重复建设严重是产能过剩的重要原因。

（3）去产能财税政策效果。以上实证研究结论都认可政府可以通过影响相关变量来有效地调控产能利用率。这与西方经济理论主张不干预、依靠市场机制自身调节产能利用率不同。提高财税政策精准度是解决财税激励政策负面效应的必然选择。刘尚希等（2018）对去产能专项财税政策效果进行分析并指出，中央财政持续 4~5 年、安排千亿资金，用于对地方和中央企业化解煤炭、钢铁行业过剩产能，实施了钢铁煤炭行业有关税收优惠政策、出口退税等系列政策，虽然取得阶段性效果，但仍需进一步完善。邓忠奇等（2018）研究钢铁行业去产能调控政策得出，短期有效，长期效果不明显的结论。

（二）产能过剩的测量

产能过剩与产能利用率密切相关。产能过剩（excess capacity）通常指企业的实际产出小于其最优规模（最低平均成本）时的产出水平。产能利用率是企业实际产能与设计产能的比，当产能利用率低到一定程度时，就被认定出现产能过剩。产能利用率并非企业强制披露指标，由于无法取得大样本下的产能利用率和产能过剩指标，现有研究都是以产能利用率测度作为替代变量。测度产能利用率有理论估算和经济统计两个方法，占主导地位的是经济统计方法。产能利用率用投入产出法测算，具体方法主要有生产函数法、成本函数法、峰值法、协整法以及数据包络分析法（DEA）等（韩国高等，2011）。现有国内外文献中关于产能利用率的测度方法并不统一，也没有公认的最好的度量方法。另外，刘斌、张列柯（2018）的测度方法为产能利用率 = $\ln(1 + 当期营业收入/历史最大营业收入)$。在上述方法中，成本函数法全面考察了生产投入要素和要素价格对产能产出影响，数据包络分析法以企业实际投入和产出的数据求最优权重，不被主观因素所干扰，也不受量纲的影响，这两种方法常用于企业产能利用率测度。

中国式产能过剩具有普遍性和持续性（张林，2016），产能过剩也是市场经济的新常态。已有的研究证明了提高财税政策治理产能过剩的必要性，侧重于从宏观视角研究财政政策和研究地方税收竞争与地区及行业产能过剩关系的文献较多，但对其传导机制尚未形成一致性系统结论。研究税收优惠对企业产能过剩关系的文献较少，没有研究行业投资趋同与企业产能过剩的关系，也就没有对税收优惠与企业产能过剩的传导机制和影响机制进行系统检验。由此提出的建议一方面与我国产业政策有冲突，另一方面对提升财税政策的治理能力借鉴意义有限，去产能财税政策亟须更有可操作性的建议。论文不仅构建了税收优惠政策对产能利用率影响的传导机制，而且为提高税收政策调控产能的精准度提供抓手。

三、理论分析与研究假设

（一）税收优惠影响产能利用率的方式

实践中可以观察的现象是，税收优惠有利于提高供给，比如疫情之下的税收优惠提高了防疫物品的供给。企业产品和服务的供给是以投资增加为条件，由此必然出现的命题是，税收优惠了投资，进而影响企业产能。税收政策可以影响投资、弥补市场失灵，已成为重要的经济调节手段。税收对投资的激励方式包括降低税率、直接减免税、退税、税收返还、加速折旧、投资抵免税等。

我国税收优惠包括国家统一税收优惠政策和地方通过税收返还等降低企业实际税负的地方性规定。统一税收优惠政策是实现国家发展战略的政策手段，与国家宏观经济发展需求是一致的。我国现行税收政策是以行业税收优惠为主，地区税收优惠为辅。对于农业、高科技行业、技术先进企业、节能环保、基础产业、软件和现代服务业等国家急需发展的行业采取优惠政策，目的在于降低其投资税收成本，提高投资收益，引导资金进入这些行业，提高这些行业的研发能力，提高产品和服务的能力与质量。除了国家税收政策外，地方政府为了招商引资，增加地方经济产值和财政收入，也会采取税收返还等方式，降低企业实际税负。为追求地方经济绩效的地方税收竞争，缺乏必要产业和经济结构调整的硬约束，相比统一的税收政策，可能导致更大程度的负面效应。所谓的"税收洼地"就是地方政府税收竞争的例证。

税收优惠影响产能的方式主要有两种：一种是在不增加固定资产投资的情况下，提高产能利用率，促进产能的充分利用。在当前疫情发生时，防疫物品供不应求，政府出台防疫物品生产销售的免税优惠，降低了企业营业成本，直接提高了企业税后利润和现金流，直接促进原有企业产能的充分利用。第二种是通过刺激投资，扩大生产能力，影响产能利用率。这种方式受到固定资产投资期影响，对产能利用率的影响会有一定滞后性，影响效果也会受到市场变化等多因素约束。当然，也可能出现第三种，两种情况并存，既提高了现有产能的充分利用，也提高了投资扩产，增加未来产能。其效果则取决于市场供需态势和税收优惠的有效期。我国的税收优惠政策既有长期激励政策，也有限期有效政策，后者比较少，对产能的影响相比前者可能较弱。长期税收优惠导致投资不断增加,一旦市场需求放缓,可能出现产能利用率下降。由此提出假设1。

假设1a：税收优惠提高了企业产能利用率。

假设1b：税收优惠可能降低企业产能利用率。

（二）税收优惠激励投资而影响产能利用率的机制

Hall et al.（1967）首次提出了税收影响资产使用成本，将税收激励纳入新古典投资模型，论证了税收激励政策具有促进投资的作用。相比于没有税收优惠的情况，税收优惠可以通过降低实际税率和投资成本，节约现金流出，从而提高投资净收益。国内学术界研究论证了税收对企业投资方向、投资结构、投资时机、投资水平、投资效率等因素的影响，其政策效果受到资本调整价格、融资约束、公司治理、企业异质性、资本品价格、企业对税收政策不确预期等因素的影响（靳毓，2019）。当然，不同的税收政策，对投资的激励方式和产生的激励效果不同。魏天保（2018）以中国工业数据库资料研究发现，所得税有效税负对固定资产投资水平的影响呈倒U型，但增值税税负的影响并不显著。投资对产能利用率的影响方向受多种因素影响具有不确定性。

税收优惠激励投资，可能出现两种投资现象——行业投资趋同和企业过度投资，进而影响产能利用率。

（1）税收优惠可能引发投资趋同。投资趋同（comovement）描述的是实体经济中观察到的大量企业间投资关联性行为。林毅夫等（2010）认为投资"潮涌现象"与企业对投资预期形成的共识有关，这种投资潮涌现象或者投资趋同与产能过剩有关。而贺京同等（2018）认为政府不仅能通过财政手段直接对行业予以投资支持，而且还可利用不同政策方式引导投资的流向和配置，财政支持力度的增大与政策支持受惠范围的缩小会推高投资趋同度，即投资趋同与财政政策有关。减税会导致投资趋同吗？

首先，企业投资行为是一个不确定条件下的决策行为，政府产业政策减缓了这种不确定的风险。政府税收优惠政策的颁布和实施会引起市场对相关产业一个良好的预期，为企业创造了一个相对稳定的投资环境，降低了企业投资风险。企业为了控制经营决策中的不确定性风险，更愿响应产业政策的号召，投资于政策鼓励的行业（张新民等，2017）。因此，减税将会引导企业投资方向。受市场环境、信息含量和社会关系网络等因素的限制，企业管理者会偏好更为透明的投资项目，因而发生自然的联动现象。以行业税收优惠为主，地区税收优惠为辅的税收优惠战略有助于形成行业投资趋同。其次，地方税收诱导和中介推动会加剧投资趋同。当一个行业或地区的投资前景被看好且成为一种共识时，在中介和媒体的推动下，出现许多企业增加投资，这在地区或行业层面上出现投资趋同。比如地方基于招商引资而出台税收优惠政策，形成"税收洼地"，吸引企业前去投资，形成地区性投资趋同。新疆霍尔果斯出现的就是一种文化产业地区投资趋同。

行业投资趋同一旦出现，对税收优惠与产能利用率之间的关系会产生何种影响？随着投资趋同出现，该行业产能不断扩大，有可能出现产业聚集，提高企业产能利用率。但如果出现过度的行业投资趋同，同行业产能扩大超过了市场需求，供求关系逆转，企业利润率下降，产能就会出现闲置，产能利用率下降，甚至出现产能过剩。所以，投资趋同一旦出现，税收优惠对产能的刺激效应就有可能会下降。基于税收优惠的普遍性和持续性，我们提出假设 2。

假设 2a：税收优惠会促进行业投资趋同。

假设 2b：行业投资趋同对税收优惠与企业产能利用率之间的关系起到调节作用。

（2）税收优惠可能导致过度投资。原因在于：①地方政府干预。在财政分权制度和分税制度改革背景下，各地政府为了增加财政收入，政府官员迫于晋升压力同时提高政绩，会大力扶持享受政策优惠产业的发展，为企业投资提供土地、人员、水电、融资等便利。在产业政策引导下，地方政府行为会进一步降低企业投资成本，导致更大规模的投资。例如，为确保实现"十二五"碳强度降低目标，国家发改委于 2014 年 8 月印发《单位国内生产总值二氧化碳排放降低目标责任考核评估办法》（以下简称《办法》），《办法》将碳减排指标完成情况正式列入各省干部政绩考核。其中，太原市为鼓励光伏发电和照明，对光伏发电实行增值税即征即返 50% 的政策；对分布式光伏发电自发自用电量免收随电价征收的各类政府性基金和附加；对来太原市投资或扩大生产规模的光伏企业，优先安排土地指标和必备配套服务设施用地，并给予一定固定资产投资补助或奖励。如此，光伏企业投资成本大量减少，同样的预算将形成更大规模的产能。②税收优惠缓解了融资约束，提高了企业的投资能力。税收优惠减少了企业税负支出，节省了自由现金流，直接增加了企业内部盈余。另外，银行在政府干预和市场预期的双重影响下愿意给政策鼓励企业更多的信贷支持，间接缓解了企业的融资约束，也降低了融资成本，使企业有充足的现金流量用于投资，加强了企业的投资能力。申慧慧等（2012）研究发现，融资约束较高的非国有企业表现为投资不足，融资约束较低的国有企业表现为投资过度。即现金流越充足，投资约束越少，过度投资的可能性越大。③投资潮涌推动和管理者诉求契合。在相对确定的信息环境和可见政策性收益的刺激下，某些行业或地区将会成为投资热门领域。在热门投资领域，出现投资趋同，更容易出现过度投资。Graham（1999）研究发现，对于通信行业的热门投资领域，不论投资项目收益的确定性如何，管理者都会盲目投资。而绩效考核机制的压力、薪酬与企业规模的相关性，以及管理者对声誉的追求又造成了企业的跟风投资行为，进一步加剧了企业的过度投资。④信息不对称和预期的失误。实体经济也难免出现企业过度投资，其结果是行业产能过剩。

过度投资有经济后果，很多学者都实证检验了非效率投资或非理性投资对企业价值的影响，得出的结论也比较一致，即过度投资或投资从众行为会对企业价值有负面影响（Kamien et al.，1972；Leary and Roberts，2014；杜兴强等，2011；叶玲、李心合，2012）。问题是过度投资如何影响企业价值？过度投资的直接后果是资源错配，资源错配导致企业投入产出率下降。而产能利用率是影响投入产出率的一个重要指标。因此，我们可以进一步推论，过度投资降低企业价值的途径是通过降低企业产能利用率，导致资源配置效率低下而发生的。基于以上分析提出假设3。

假设3：税收优惠可能引发企业过度投资，从而影响企业产能利用率。

（三）税收优惠、投资趋同、过度投资与产能过剩

在同一时间观察，行业所处的阶段具有异质性，行业、企业的产能利用率水平也具有异质性，所面临的税收政策也有差异。由此，大样本统计结果分析不能精细地描述现实经济活动，有可能得出与现实观察到的现象不一致的结论。比如有的研究得出财政补贴和税收优惠与产能过剩正相关的统计结果，这种结论缺少现实支持，难以说服政策制定者。这在一定程度上是忽略某些异质性因素、大样本面板数据统计造成的实证研究风险。如果一个行业正处在成长期，产品市场前景向好，这时税收优惠政策介入，促进企业进入，投资增加。这时，行业投资趋同和企业扩大投资还在发展的过程中，行业聚集效应和企业规模效应会产生税收激励效应外溢，因而会提高产能利用率，不太可能出现产能过剩。而当一个行业已经进入成熟期，行业投资趋同和过度投资程度已经积累到比较高的程度，高水平投资趋同的结果是行业产能过剩。行业产能过剩一旦形成，企业产能过剩也难以避免，但是产能过剩在不同企业的表现具有异质性。比如，如果某企业产品和服务具有较强的竞争力，过度投资程度低，则企业的产能过剩程度可能会比较低。换句话说，过度投资导致产能过剩要在一定外部情境下才会发生。在行业投资高度趋同、行业产能利用率下降，过度投资企业产能利用率会下降，严重者很可能导致产能过剩。

产能过剩的普遍性和持续性说明，我国中央和地方政府综合性税收优惠的长期作用后果是行业性投资趋同和企业非理性投资并存，行业投资趋同程度和企业过度投资程度具有异质性，税收优惠对企业产能利用率影响效果也必将是在这些因素相互交织影响中发展变化，产能过剩现象也必然是一个逐步积累的过程。企业产能过剩是行业趋同较高，企业过度投资严重的后果，表现为市场出现恶性竞争，产品和服务价格下降，企业毛利减少，甚至出现亏损，因亏损而要限产；同时，资产专用性和调整成本过高限制了企业调整

投资方向反应速度,由此形成行业产能过剩和企业产能过剩。由此本文提出假设4。

假设4:税收优惠通过投资影响企业产能利用率是一个动态演变过程,当且仅当行业投资趋同和企业过度投资程度都较高时,才会导致企业产能过剩。

综上所述,论文理论分析与假设的研究框架如图1所示。

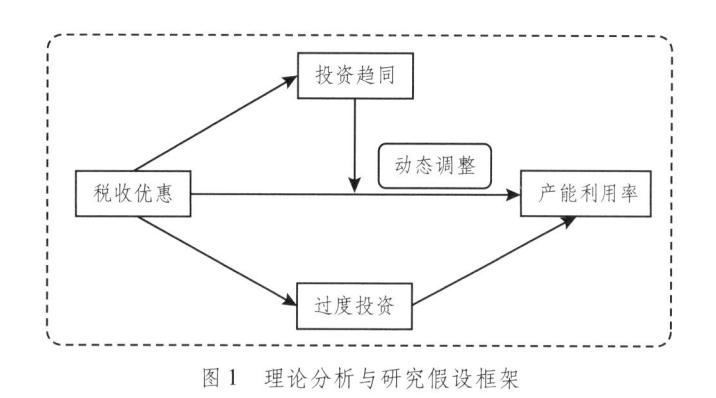

图1 理论分析与研究假设框架

四、研 究 设 计

(一) 样本选择

由于产能过剩问题在制造业中较为严重,而国家的税制改革最关注的也是制造业,因此论文选择以制造业企业作为研究样本。因为"三去一补一降"政策2016年开始实施,近年产能过剩程度已经有所缓解,本文选取中国沪深股票市场2011~2016年的制造业A股上市公司作为初始样本,由于计算企业过度投资指标时涉及上一年数据,因此本文实际使用数据年度为2010~2016年[①]。借鉴已有文献的研究方法,对数据进行如下处理:(1) 剔除ST、PT的样本;(2) 剔除金融行业的样本;(3) 剔除相关数据缺失的样本;(4) 对所有的连续变量均按1%进行winsorize处理,经处理后,得到制造业样本5562个;从中筛选出过度投资模型中残差大于0的2415个样本作为本文的制造业过度投资样本,其中2011年335个,2012年381个,2013年444个,2014年405个,2015年403个,2016年447个。其次,由于制造业中每个子行业的产能过剩程度有较大差异,为进一步检验本文假设,借鉴刘斌、张列柯(2018)的研究方法,从制造业过度投资样本中进一步挑选出产能过剩较为严重的子行业,涉及有色金属、黑色金属、非金属矿物、石

---

① 样本区间选择理由见第1页注释。

油加工及炼焦、化学原料及化学制品制造、化学纤维制造、水泥和船舶等行业，作为制造业过度投资产能过剩子样本，共 2046 个。除企业经营业务范围取自 Wind 数据库外，本文其他数据均来源于 CSMAR 数据库，采用 Maxdea 软件计算产能利用率，用 STATA15 进行数据处理和回归分析。

（二）变量设计

1. 产能利用率 CU

产能利用率最直接的指标是实际产能与设计产能之比。由于无法取得大样本数据，现有的产能利用率度量方法均采用替代变量法。本文选用数据包络分析法（DEA）来测算企业产能利用率 CU，通过衡量每个行业内企业用于产生回报的资源数量和组合，想象成一个有效的前沿，给在边境上运营的企业赋值为 1，企业得分越低，离边境越远。将企业作为决策单元，借鉴 Coelli et al.（2002）的方法，选取 2 个输出变量，即营业收入（y_1）和净利润（y_2），2 个投入变量，即固定资产（x_1）和应付职工薪酬（x_2）。每个投入和输出变量在计算效率得分时，被赋予权重，其中权重分别由投入的 v 和输出的 u 表示，v 和 u 非负（假定每个投入和输出都有价值），是使每个企业产出和投入比率最大的权重，行业内最高效率的企业取值为 1，得分下限为 0。本文选用 Maxdea 软件，按照 DEA 优化过程步骤，对每个企业的生产效率进行测算，从而得到每个企业的产能利用率指标，用以衡量产能过剩程度。产能利用率取值范围为（0，1]，这是个相对指标，产能利用率越高，代表企业产能过剩程度越低，产能利用率越低，代表企业产能过剩程度越高。

第二种方法是刘斌、张列柯（2018）的方法，产能利用率 $CU_2 = \ln(1 + $ 当期营业收入/历史最大营业收入）。本文也用这种方法进行稳健性检验。

我们也尝试用当期产出（实际生产能力，用营业成本 + 期末库存计算）比固定资产原值（代表设计生产能力）作为产能利用率的替代变量 CU_3，结果与包络分析法实证结果十分接近，在此就接受已有文献的做法，以保持相关研究结果的可比性。

2. 投资趋同 Cov

投资趋同有两种测算方法：现金流量表法和资产负债表法。本文采用资产负债表法进行估计。

$Cov = Max(I_{inc}, I_{dec})/N$，$I_{inc}$：投资增加的企业数量；$I_{dec}$：投资减少的企业数量；N：行业企业数量。投资增加或减少的判断标准：I =（本期固定资产 + 本期在建工程 + 本期无形资产 − 上期固定资产 − 上期在建工程 − 上期无形资产）/期初总资产。I > 0 代表企业投资增加，I < 0 代表企业投资减少。

3. 过度投资 OI

过度投资的衡量大多采用 Richardson（2006）过度投资模型。Richardson

将企业投资分为两部分，一部分是企业的正常投资，受企业成长机会、资本结构、现金流、年龄、规模、盈利能力、所处行业等因素的影响；另一部分是非正常投资，即模型中的残差，残差为正表明投资过度，反之则表明投资不足。

4. 税收优惠 PTax

本文借鉴柳光强（2016）的税收优惠衡量方法，税收优惠 PTax = 收到的各项税费返还/（收到的各项税费返还 + 支付的各项税费）。其中，收到的税费返还包括企业收到的增值税、消费税、教育费附加和所得税等各项税费的返还款项；支付的各项税费包括企业当期发生并当期支付的、以前期间发生并当期支付的以及当期预缴的税费。

（三）变量与模型

1. 变量

本文主要研究税收优惠、过度投资、投资趋同、产能利用率四者之间的关系，产能利用率（产能过剩）为被解释变量，税收优惠为解释变量，过度投资为中介变量，投资趋同为调节变量。综合已有的对产能利用率的相关研究（王立国、鞠蕾，2012；王文甫等，2014），本文选取企业规模（Size）和企业年限（Age）作为企业特征变量，企业规模越大、上市年限越久，其产能利用率一般越高；选取企业成长性（Growth）和市场价值（Tobin's Q）作为企业盈利能力变量，二者对企业产能利用率预期将产生正向影响；选取财务杠杆（Lev）、现金持有水平（Cash）作为企业风险水平变量，企业风险水平越低产能利用率越高；选取董事长与总经理兼任情况（DUAL）、大股东持股比例（BIG）以及前三名高管薪酬水平（PAY）作为公司治理控制变量，公司治理水平越高，预期产能利用率越高；另外还有控制多元化程度（Divfic）、市场竞争程度（HHI）、市场化程度（Index）、产权性质（SOE）以及年度固定效应（Year）。原因是企业的业务多元化程度越高，产能过剩程度会越低；行业市场竞争程度越高，市场集中度越低，产能过剩越高；国有企业和民营企业治理机制不同，影响企业生产和投资决策；市场化程度越低，地方政府干预程度越高。由于本文选择的样本为制造业，故没有控制行业固定效应。本文变量说明如表1所示。

表1 变量定义

性质	变量名称	变量符号	变量描述
被解释变量	产能利用率	CU	数据包络分析法（DEA）来测算企业产能利用率CU；借鉴刘斌和张列柯（2018）的方法，产能利用率 $CU_2 = \ln(1+当期营业收入/历史最大营业收入)$

续表

性质	变量名称	变量符号	变量描述
解释变量	税收优惠	PTax	收到的各项税费返还/(收到的各项税费返还+支付的各项税费)
中介变量	过度投资	OI	采用Richardson（2006）过度投资模型
调节变量	投资趋同	Cov	用资产负债表法估算，$Cov = Max(I_{inc}, I_{dec})/N$
控制变量	企业规模	Size	企业总资产的对数
	企业年限	Age	上市年限
	资产负债率	Lev	总负债/总资产
	企业市场价值	Tobin's Q	市场价值/总资产账面价值
	成长性	Growth	当年营业收入变动/上年营业收入
	现金持有水平	Cash	现金及现金等价物期末余额/总资产
	大股东持股比例	BIG	大股东持股数/总股数
	董事长与总经理兼任情况	DUAL	两职合一时取0，否则取1
	前三名高管薪酬	PAY	前三名高管薪酬总和取对数
	多元化程度	Divfic	$Divfic = \sum \left(\frac{r_i}{R}\right)^2$，$r_i$为该企业第i个业务的收入，R为该企业主营业务收入总和
	市场竞争程度	HHI	$HHI = \sum \left(\frac{x_i}{X}\right)^2$，$x_i$为行业中第i个企业的主营业务收入，X为该行业中所有企业主营业务收入之和
	市场化程度	Index	樊纲和王小鲁编制的市场化指数
	产权属性	SOE	国有控股取值为1，民营控股取值为0
	年度效应	Year	设置了5个年份虚拟变量

2. 模型

为了验证假设，建立以下模型，分步检验。第一步，采用模型1验证假设1；第二步，采用模型1、模型2和模型3验证假设2；第三步，采用模型1、模型4和模型5验证假设3；第四步，采用投资趋同、过度投资高低分组回归的方法验证假设4。在此基础上，以模型6中介调节模型检验投资趋同、过度投资对减税与产能利用率关系的联合作用机制。具体模型包括：

$$Tobit(CU) = \beta_0 + \beta_1 PTax + \sum \beta_i Control + \sum Year + \varepsilon \quad (M-1)$$

$$\text{Tobit}(\text{Cov}) = \beta_0 + \beta_1 \text{PTax} + \sum \beta_i \text{Control} + \sum \text{Year} + \varepsilon \quad (M-2)$$

$$\text{Tobit}(\text{CU}) = \beta_0 + \beta_1 \text{PTax} + \beta_2 \text{Cov} + \beta_3 \text{PTax} \times \text{Cov}$$
$$+ \sum \beta_i \text{Control} + \sum \text{Year} + \varepsilon \quad (M-3)$$

$$\text{OI} = \beta_0 + \beta_1 \text{PTax} + \sum \beta_i \text{Control} + \sum \text{Year} + \varepsilon \quad (M-4)$$

$$\text{Tobit}(\text{CU}) = \beta_0 + \beta_1 \text{PTax} + \beta_2 \text{OI} + \sum \beta_i \text{Control} + \sum \text{Year} + \varepsilon$$
$$(M-5)$$

$$\text{Tobit}(\text{CU}) = \beta_0 + \beta_1 \text{PTax} + \beta_2 \text{Cov} + \beta_3 \text{PTax} \times \text{Cov} + \beta_4 \text{OI}$$
$$+ \sum \beta_i \text{Control} + \sum \text{Year} + \varepsilon \quad (M-6)$$

由于产能利用率 CU 由 DEA 方法算得,取值范围为 (0, 1],投资趋同 Cov 也是如此,因此本文对模型 (M-1)、模型 (M-2)、模型 (M-3)、模型 (M-5)、模型 (M-6) 进行 Tobit 回归检验,对模型 (M-4) 进行最小二乘回归检验。

五、实证检验结果

(一) 描述性统计

论文对全样本及产能过剩样本进行了描述性统计。表 2 是主要变量描述性统计结果。

表 2　　　　　　　　不同样本主要变量描述性统计结果比较

	变量名	样本量	均值	标准差	最小值	中位数	最大值
全样本	CU	5562	0.40	0.284	0.042	0.309	1.000
	PTax	5562	0.15	0.198	0.000	0.060	0.797
	Cov	5562	0.75	0.094	0.517	0.764	0.938
	OI	5562	-0.00	0.066	-0.121	-0.010	0.241
产能过剩样本	CU	2046	0.428	0.275	0.042	0.336	1.000
	PTax	2046	0.163	0.201	0.000	0.077	0.797
	Cov	2046	0.769	0.086	0.517	0.776	0.938
	OI	2046	0.057	0.054	0.000	0.041	0.241

制造业全样本税收优惠均值低于产能过剩样本,说明产能过剩和过度投资企业获得了高于行业均值的税收优惠。行业投资趋同程度全样本低于产能过剩样本,过度投资程度全样本亦低于产能过剩样本,说明产能过剩样本同时存在高趋同和高过度投资现象。产能利用率全样本与产能过剩子行业样本差别不明

显，说明产能利用率较低是相对普遍的现象，高低差异与计算方法、样本量和样本值分布差异有关。采用刘斌、张列柯（2018）计算的产能利用率 CU_2 全样本是 0.550，产能过剩样本是 0.552，这与包络分析法计算的结果一致；而采用我们的方法计算得出的 CU_3 全样本和产能过剩样本的产能利用率分别为 2.201 和 1.971，产能过剩样本产能利用率较低，说明样本分类没有问题。

（二）主要变量相关性分析

对全样本和产能过剩样本进行 Pearson 和 spearman 相关性统计（见表3）。税收优惠与过度投资之间存在稳定显著的正相关关系。税收优惠与产能利用率之间存在稳定显著的负相关关系。而税收优惠与行业投资趋同之间 spearman 相关性呈现显著负相关关系，但在 Pearson 相关性分析中并不完全一致，这说明税收优惠与行业投资趋同之间的关系很可能与假设不一致。

表3　　　　　　　　　　主要变量相关性分析

样本	变量	CU	PTax	OI	Cov
全样本	CU	1	-0.105 ***	0.220 ***	0.002
	PTax	-0.094 ***	1	0.035 ***	-0.035 ***
	OI	0.174 ***	0.023 *	1	0.022
	Cov	-0.045 ***	-0.011	0.005	1
产能过剩样本	CU	1	-0.085 ***	0.049 **	-0.010
	PTax	-0.104 ***	1	0.048 **	-0.082 ***
	OI	0.043 **	0.058 ***	1	-0.026
	Cov	-0.047 **	-0.042 *	-0.035	1

注：左下三角为 Pearson 相关性，右上三角为 spearman 相关性。
* 表示 $p<0.1$，** 表示 $p<0.05$，*** 表示 $p<0.01$。

（三）回归结果分析

1. 全样本模型回归结果

表4是假设1、假设2和假设3的检验结果。

表4　　　　　　　　　　全样本模型回归结果

	M-1 CU	M-2 Cov	M-3 CU	M-4 OI	M-5 CU	M-6 CU
PTax	-0.115 ***	-0.010 *	-0.156 ***	0.013 ***	-0.110 ***	-0.152 ***
	(-6.239)	(-1.828)	(-5.785)	(3.622)	(-5.980)	(-5.647)

续表

	M-1 CU	M-2 Cov	M-3 CU	M-4 OI	M-5 CU	M-6 CU
Cov			-0.059*** (-6.123)			-0.061*** (-6.301)
PTax*Cov			0.074** (2.051)			0.075** (2.105)
OI					-0.361*** (-5.450)	-0.374*** (-5.666)
Size	0.148*** (29.602)	-0.002* (-1.755)	0.148*** (29.802)	0.024*** (23.901)	0.156*** (29.912)	0.157*** (30.172)
AGE	0.001 (1.504)	0.000 (0.868)	0.001* (1.648)	0.004*** (23.002)	0.002*** (3.052)	0.003*** (3.257)
LEV	0.033 (1.330)	-0.015** (-2.024)	0.029 (1.186)	0.039*** (7.699)	0.047* (1.886)	0.044* (1.761)
TobinQ	0.027*** (9.971)		0.028*** (10.381)	-0.002*** (-3.191)	0.027*** (9.758)	0.028*** (10.174)
Growth	0.100*** (5.579)	0.039*** (7.213)	0.107*** (6.016)	0.038*** (10.464)	0.113*** (6.296)	0.122*** (6.769)
CASH	0.230*** (9.792)	0.000 (0.014)	0.230*** (9.807)	0.002 (0.348)	0.231*** (9.839)	0.230*** (9.856)
BIG	0.056** (2.131)		0.056** (2.141)	-0.003 (-0.519)	0.055** (2.098)	0.055** (2.106)
DUAL	0.007 (0.904)		0.007 (0.899)	-0.003* (-1.679)	0.006 (0.783)	0.006 (0.773)
PAY	-0.011* (-1.755)		-0.010 (-1.593)	0.001 (0.551)	-0.011* (-1.719)	-0.010 (-1.551)
HHI	1.383*** (8.059)		1.283*** (7.471)	-0.123*** (-3.548)	1.339*** (7.816)	1.235*** (7.203)
Index	0.006** (2.419)		0.005** (2.274)	0.000 (0.201)	0.006** (2.448)	0.005** (2.300)
Divfic	-0.086*** (-5.555)		-0.084*** (-5.411)	-0.008*** (-2.664)	-0.089*** (-5.761)	-0.087*** (-5.621)

续表

	M-1 CU	M-2 Cov	M-3 CU	M-4 OI	M-5 CU	M-6 CU
SOE	-0.031*** (-3.506)		-0.032*** (-3.665)	-0.006*** (-3.559)	-0.033*** (-3.765)	-0.034*** (-3.938)
_cons	-2.795*** (-27.174)	0.826*** (33.896)	-2.780*** (-27.113)	-0.578*** (-28.075)	-3.005*** (-27.406)	-2.997*** (-27.431)
var(e.CU)	0.068*** (49.486)		0.068*** (49.490)		0.068*** (49.489)	0.067*** (49.493)
var(e.Cov)		0.006*** (52.735)				
r^2				0.362		
r^2_a				0.360		
year	Yes	Yes	Yes	Yes	Yes	Yes
N	5562	5562	5562	5562	5562	5562

注：* 表示 $p<0.1$，** 表示 $p<0.05$，*** 表示 $p<0.01$。

首先，根据模型1回归结果，税收优惠与企业产能利用率在1%的水平显著负相关，假设1b通过检验。以往的研究直接将这种现象解释为税收优惠与产能过剩正相关，基于假设的4分析，这时下结论为时尚早。

其次，根据模型2回归结果，税收优惠与行业投资趋同在10%水平上显著负相关，这一结果与预期相反，出现这种结果的原因可能有：一是说明税收顾客现象存在，即使存在税收优惠，这些行业投资净收益率未必高于没有优惠的行业，优惠政策反而有利于投资者甄别投资信息，降低行业投资趋同；二是企业投资决策理性的存在，投资潮涌现象是有限制的；三是异质性存在，税收优惠对国有和民营企业作用不同，对新兴行业和传统行业影响不同；四是税收优惠指标有一定局限性，我国税收优惠的直接减免金额没有办法在企业报表中反映出来，存在低估税收优惠政策的风险。模型3回归结果是行业投资趋同与产能利用率在1%水平显著负相关，说明行业投资趋同程度越高，产能利用率越低；税收优惠与投资趋同的交乘项系数为正，显著水平为5%，投资趋同对税收优惠与产能利用率之间负相关关系发挥抵减调节作用，说明当出现行业投资趋同时，税收优惠对产能利用率影响降低。其原因是，行业投资趋同程度越高，企业可以预期到新增投资的效果越低，税收优惠对企业产能的影响效果将减弱。假设2中税收优惠与投资趋同的关系与实证结果相反，而投资趋同的调节作用假设通过验证。

再次，根据模型4回归结果，税收优惠与过度投资在1%水平上显著正相关,说明税收优惠会推动企业的过度投资行为。根据模型5回归结果,在模型1中加入过度投资变量后,税收优惠回归系数相比模型1变小,这验证了企业过度投资的中介效应,即税收优惠通过刺激企业过度投资而导致产能利用率的降低,假设3得以验证。实证结果证明了,税收优惠不仅直接影响了企业产能利用率,而且推动了企业过度投资,又间接地降低了企业产能利用率。

最后,模型6将行业投资趋同和过度投资同时引入,利用带调节的中介模型检验行业投资趋同和过度投资的交织影响下,税收优惠与产能利用率之间的关系。结果是行业投资趋同和过度投资的显著性未变,但系数提高了,说明行业投资趋同和过度投资存在相互推动,强化了各自对产能利用率的影响力度,最终加深了减税对产能利用率的影响力度。

控制变量中,市场竞争程度与产能利用率显著正相关,与投资趋同和过度投资显著负相关,说明竞争程度越高的行业,企业投资理性程度越高,投资潮涌现象和过度投资现象发生的可能性越低,因而避免过度投资和行业趋同,保证了企业产能利用水平。企业多元化程度与过度投资负相关,说明多元化策略避免投资过度集中。企业规模、成长性和现金流与产能利用率显著正相关,与行业趋同关系不显著,与过度投资显著正相关。说明企业成长越快、规模越大、现金流越充沛,企业竞争能力越强,过度投资可能性越大,产能利用率越高。产权与产能利用率显著负相关,说明国有企业产能过剩程度可能更高,已有文献指出不同产权企业税收待遇和负担不同,税收优惠对不同产权企业影响是否相同?我们分样本进行进一步检验。

2. 进一步研究:按产权分组回归结果对比

已有的研究发现国有企业和民营企业在过度投资程度及享受的税收优惠水平上不同,我们进一步分组研究产权异质性结果。表5截取了国有和非国有样本回归结果的差异对比。

表5　　　　　　国有和非国有样本回归结果差异对比(部分)

样本种类	模型变量	M-1 CU	M-2 Cov	M-3 CU	M-4 OI	M-5 CU	M-6 CU
国有企业样本1850	PTax	-0.032 (-0.989)	-0.013 (-1.293)	0.052 (1.086)	0.007 (1.142)	-0.028 (-0.867)	0.055 (1.173)
	Cov			-0.012 (-0.765)			-0.017 (-1.077)
	PTax*Cov			-0.155** (-2.435)			-0.154** (-2.441)

续表

样本种类	模型变量	M-1 CU	M-2 Cov	M-3 CU	M-4 OI	M-5 CU	M-6 CU
国有企业样本 1850	OI					-0.577*** (-4.737)	-0.602*** (-4.949)
	DUAL	0.046** (2.393)		0.044** (2.322)	0.006* (1.688)	0.049*** (2.590)	0.047** (2.511)
	PAY	-0.030*** (-2.699)		-0.029** (-2.575)	-0.001 (-0.686)	-0.031*** (-2.797)	-0.030*** (-2.649)
	Index	0.012*** (3.209)		0.012*** (3.251)	-0.000 (-0.011)	0.012*** (3.236)	0.012*** (3.293)
非国有企业样本 3705	PTax	-0.147*** (-6.617)	-0.010 (-1.459)	-0.242*** (-7.437)	0.015*** (3.232)	-0.143*** (-6.436)	-0.239*** (-7.342)
	Cov			-0.082*** (-6.771)			-0.082*** (-6.828)
	PTax*Cov			0.171*** (3.970)			0.173*** (4.008)
	OI					-0.266*** (-3.386)	-0.274*** (-3.497)
	DUAL	-0.000 (-0.038)		0.000 (0.036)	-0.004** (-2.308)	-0.002 (-0.167)	-0.001 (-0.097)
	PAY	-0.002 (-0.280)		-0.003 (-0.332)	0.001 (0.808)	-0.002 (-0.233)	-0.002 (-0.282)
	Index	0.003 (0.842)		0.001 (0.400)	0.000 (0.614)	0.003 (0.881)	0.001 (0.436)

注：* 表示 $p<0.1$，** 表示 $p<0.05$，*** 表示 $p<0.01$。

根据回归结果可以看出，非国有企业样本回归结果与总样本基本一致，但国有企业样本却不显著。在国有样本中，高管权力与过度投资和产能利用率显著正相关，高管薪酬对过度投资和产能利用率显著负相关，市场化程度与产能利用率显著正相关；这三个变量在非国有企业样本回归结果中反而不显著。这说明：非国有企业受到政府干预较少，其治理机制、激励机制的弱化使得减税对产能利用率的敏感度更高，影响更深；而国有企业受到政府干预程度更高，其治理机制和激励机制对产能和投资决策影响较大，减税影响反而小。

3. 分组回归：按投资趋同程度和过度投资程度的分组回归结果

为了更加准确地刻画随着投资趋同调节效应和过度投资中介效应程度不同时，税收优惠对产能利用率影响的变化过程，本文根据行业投资趋同和企业过度投资程度分组匹配回归。首先，投资趋同和过度投资分组均以中位数作为依据，分为行业投资趋同程度高组和低组，过度投资水平高组和低组，然后交叉匹配成四组，即高趋同高过度、高趋同低过度、低趋同高过度、低趋同低过度四组。接下来，分别检验在行业投资趋同程度不同的情境下，税收优惠与产能利用率的关系，以及过度投资的中介效应。

结果见表6和表7。可以看出，不同行业趋同程度背景下，税收优惠、过度投资与产能利用率的关系不同，过度投资的中介效应不同。如表6所示，在投资趋同程度和过度投资程度双低组，税收优惠与产能利用率在5%水平上显著正相关，此时税收优惠对产能利用率发挥正向激励作用。在行业趋同程度低但存在严重过度投资时，税收优惠与产能利用率显著负相关，但在这种情境下，税收优惠与过度投资没有显著正相关关系，说明过度投资形成是税收以外因素造成的，过度投资是产能利用率下降的部分原因。在整个行业并未出现高投资趋同程度的条件下，企业非税收优惠型的过度投资，也是会降低企业产能利用率的。

表6　　　　低趋同行业背景下，过度投资对产能利用率的中介效应

	低趋同高过度组			低趋同低过度组		
	M-1 CU	M-4 OI	M-5 CU	M-1 CU	M-4 OI	M-5 CU
PTax	-0.234*** (-2.64)	0.017 (1.00)	-0.220** (-2.50)	0.258** (2.02)	0.021 (0.90)	0.059 (0.44)
OI			-0.788** (-2.55)			0.206 (0.52)
Size	0.151*** (8.21)	0.020*** (5.81)	0.168*** (8.64)	0.159*** (5.37)	-0.002 (-0.50)	0.159*** (5.81)
AGE	-0.016*** (-4.17)	0.001 (1.32)	-0.015*** (-4.07)	-0.001 (-0.16)	-0.001 (-1.14)	0.002 (0.43)
LEV	-0.301** (-2.46)	-0.005 (-0.21)	-0.306** (-2.53)	-0.193 (-1.44)	0.061*** (2.80)	-0.202 (-1.58)
TobinQ	0.030 (1.46)	0.008** (2.08)	0.036* (1.80)	0.036* (1.73)	0.011*** (3.32)	0.049** (2.43)

续表

	低趋同高过度组			低趋同低过度组		
	M-1 CU	M-4 OI	M-5 CU	M-1 CU	M-4 OI	M-5 CU
Growth	0.103	-0.006	0.098	0.372***	0.031*	0.286***
	(1.19)	(-0.39)	(1.15)	(3.37)	(1.77)	(2.83)
CASH	0.259**	0.086***	0.325**	0.123	0.030	0.141
	(2.03)	(3.64)	(2.53)	(0.93)	(1.48)	(1.17)
BIG	0.225**	-0.046**	0.185*	-0.000	0.010	0.063
	(2.10)	(-2.26)	(1.73)	(-0.00)	(0.37)	(0.43)
DUAL	-0.022	0.003	-0.020	0.035	-0.001	0.023
	(-0.50)	(0.38)	(-0.48)	(0.65)	(-0.08)	(0.44)
PAY	0.016	-0.001	0.014	-0.009	0.009	0.042
	(0.63)	(-0.17)	(0.58)	(-0.25)	(1.40)	(1.16)
HHI	-30.449***	-1.839	-31.814***	-1.779**	-0.382	-1.843
	(-4.78)	(-1.50)	(-5.02)	(-2.52)	(-1.21)	(-1.02)
Index	0.001	-0.001	0.000	0.040***	-0.000	0.036***
	(0.09)	(-0.57)	(0.02)	(2.97)	(-0.16)	(2.92)
Divfic	0.166**	-0.025*	0.148**	0.073	-0.016	0.060
	(2.41)	(-1.92)	(2.16)	(0.67)	(-0.93)	(0.59)
SOE	-0.025	-0.010	-0.032	-0.086*	-0.008	0.024
	(-0.71)	(-1.54)	(-0.91)	(-1.76)	(-0.97)	(0.49)
_cons	-2.326***	-0.336***	-2.593***	-3.132***	-0.050	-4.070***
	(-5.24)	(-3.99)	(-5.74)	(-6.12)	(-0.59)	(-8.26)
var(e.CU)	0.060		0.059	0.088***		0.071***
	(-41.99)		(-40.41)	(28.26)		(8.06)
r^2		0.209			0.215	
year	Yes	Yes	Yes	Yes	Yes	Yes
N	295	295	295	244	244	244

注：*表示 p<0.1，**表示 p<0.05，***表示 p<0.01。

表7中，在高度行业投资趋同和高度企业过度投资的情境下，税收优惠导致过度投资，进而导致产能过剩，过度投资起到部分中介作用，税收优惠与过度投资和企业产能过剩正相关。而在高趋同低过度投资组，税收优惠与行业产能利用率相关系数为正但不显著，税收优惠与过度投资的正相关关系

也不显著。这说明，在行业投资高趋同情境下，如果企业是理性的，不存在严重过度投资，税收优惠仍能提高产能利用率，但作用已经不显著。这时，税收优惠政策的实施是具有正向激励作用的。

表7 　　　　　高趋同行业背景下，过度投资对产能利用率的中介效应

	高趋同高过度组			高趋同低过度组		
	M-1 CU	M-4 OI	M-5 CU	M-1 CU	M-4 OI	M-5 CU
PTax	-0.106*** (-3.13)	0.022** (2.47)	-0.099*** (-2.91)	0.041 (0.93)	0.006 (0.67)	0.007 (0.17)
OI			-0.344*** (-2.96)			-0.644*** (-3.59)
Size	0.164*** (17.27)	0.011*** (4.66)	0.168*** (17.56)	0.159*** (15.30)	0.006*** (3.11)	0.161*** (15.55)
AGE	0.001 (0.71)	-0.000 (-0.75)	0.001 (0.64)	0.002 (1.21)	-0.000 (-0.04)	0.003* (1.69)
LEV	0.043 (0.89)	0.033** (2.57)	0.054 (1.11)	-0.078 (-1.38)	0.041*** (3.61)	-0.017 (-0.31)
TobinQ	0.032*** (4.64)	0.005*** (2.60)	0.034*** (4.88)	0.023*** (3.19)	0.006*** (3.78)	0.026*** (3.68)
Growth	0.087** (2.41)	0.043*** (4.56)	0.102*** (2.80)	0.161*** (3.87)	0.045*** (5.50)	0.189*** (4.63)
CASH	0.185*** (4.25)	0.050*** (4.46)	0.203*** (4.63)	0.179*** (3.43)	0.039*** (3.87)	0.194*** (3.84)
BIG	0.034 (0.71)	-0.014 (-1.10)	0.030 (0.61)	-0.049 (-0.83)	-0.002 (-0.17)	-0.050 (-0.87)
DUAL	-0.037** (-2.29)	-0.004 (-0.90)	-0.039** (-2.38)	0.044** (2.34)	-0.004 (-1.12)	0.034* (1.88)
PAY	0.043*** (3.68)	0.001 (0.37)	0.044*** (3.73)	-0.020 (-1.33)	-0.003 (-0.88)	-0.009 (-0.60)
HHI	0.010 (0.01)	-0.833* (-1.93)	-0.303 (-0.18)	9.435*** (2.91)	0.389 (0.27)	-4.141 (-0.60)
Index	0.001 (0.22)	-0.000 (-0.37)	0.001 (0.20)	-0.015*** (-2.71)	-0.001 (-0.85)	-0.014** (-2.51)

续表

	高趋同高过度组			高趋同低过度组		
	M-1 CU	M-4 OI	M-5 CU	M-1 CU	M-4 OI	M-5 CU
Divfic	-0.085***	-0.005	-0.087***	-0.149***	0.007	-0.154***
	(-3.14)	(-0.77)	(-3.23)	(-4.40)	(0.99)	(-4.67)
SOE	-0.007	-0.003	-0.008	0.001	-0.007*	-0.015
	(-0.44)	(-0.71)	(-0.50)	(0.06)	(-1.83)	(-0.84)
_cons	-3.721***	-0.182***	-3.786***	-2.883***	-0.103*	-1.199
	(-17.71)	(-3.37)	(-17.97)	(-13.26)	(-1.95)	(-0.02)
var(e.CU)	0.045		0.045	0.044***		0.040***
	(-52.28)		(-49.00)	(17.27)		(3.46)
r^2		0.137			0.153	
y	Yes	Yes	Yes	Yes	Yes	Yes
N	1113	1113	1113	763	763	763

注：* 表示 $p<0.1$，** 表示 $p<0.05$，*** 表示 $p<0.01$。

（四）稳健性检验

1. 变量替代法

为排除变量衡量方法对本文结论的影响，本文采用替换变量法进行稳健性检验，借鉴刘斌、张列柯（2018）的研究方法，将产能利用率的衡量替换为产能利用率 $CU_2 = \ln(1 + 当期营业收入/历史最大营业收入)$，以全样本对本文假设进行检验，回归结果如表8所示。除了税收优惠与产能利用率关系负相关但不显著外，其他回归结果得出的结论与前文一致。这更好说明了税收优惠并不总是会导致产能过剩。

表8　　　　　　　　　产能利用率替代变量稳健性检验

	M-1 CU_2	M-2 Cov	M-3 CU_2	M-4 OI	M-5 CU_2	M-6 CU_2
PTax	-0.013	-0.010*	-0.033**	0.013***	-0.011	-0.031**
	(-1.502)	(-1.828)	(-2.523)	(3.622)	(-1.205)	(-2.370)
Cov			-0.010**			-0.011**
			(-2.142)			(-2.336)

续表

	M-1 CU_2	M-2 Cov	M-3 CU_2	M-4 OI	M-5 CU_2	M-6 CU_2
PTax * Cov			0.036** (2.037)			0.037** (2.104)
OI					-0.200*** (-6.186)	-0.202*** (-6.248)
Size	0.020*** (8.368)	-0.002* (-1.755)	0.020*** (8.388)	0.024*** (23.901)	0.025*** (9.885)	0.025*** (9.926)
AGE	0.001 (1.591)	0.000 (0.868)	0.001* (1.653)	0.004*** (23.002)	0.001*** (3.351)	0.001*** (3.433)
LEV	-0.048*** (-3.986)	-0.015** (-2.024)	-0.049*** (-4.066)	0.039*** (7.699)	-0.041*** (-3.342)	-0.042*** (-3.421)
TobinQ	-0.008*** (-5.940)		-0.008*** (-5.812)	-0.002*** (-3.191)	-0.008*** (-6.220)	-0.008*** (-6.082)
Growth	0.090*** (10.338)	0.039*** (7.213)	0.091*** (10.436)	0.038*** (10.464)	0.098*** (11.133)	0.099*** (11.249)
CASH	-0.086*** (-7.519)	0.000 (0.014)	-0.086*** (-7.529)	0.002 (0.348)	-0.085*** (-7.516)	-0.085*** (-7.527)
BIG	0.008 (0.635)		0.008 (0.627)	-0.003 (-0.519)	0.008 (0.594)	0.007 (0.585)
DUAL	-0.001 (-0.160)		-0.001 (-0.159)	-0.003* (-1.679)	-0.001 (-0.300)	-0.001 (-0.300)
PAY	0.000 (0.018)		0.000 (0.098)	0.001 (0.551)	0.000 (0.063)	0.000 (0.150)
HHI	-0.031 (-0.368)		-0.043 (-0.511)	-0.123*** (-3.548)	-0.055 (-0.664)	-0.069 (-0.827)
Index	0.003** (2.518)		0.003** (2.463)	0.000 (0.201)	0.003** (2.543)	0.003** (2.484)
Divfic	-0.007 (-0.903)		-0.006 (-0.845)	-0.008*** (-2.664)	-0.008 (-1.127)	-0.008 (-1.066)
SOE	0.008* (1.865)		0.008* (1.835)	-0.006*** (-3.559)	0.007 (1.574)	0.007 (1.537)

续表

	M-1 CU_2	M-2 Cov	M-3 CU_2	M-4 OI	M-5 CU_2	M-6 CU_2
_cons	0.056 (1.125)	0.826*** (33.896)	0.058 (1.167)	-0.578*** (-28.075)	-0.060 (-1.127)	-0.058 (-1.105)
var(e.CU_2)	0.016*** (52.735)		0.016*** (52.735)		0.016*** (52.735)	0.016*** (52.735)
var(e.Cov)		0.006*** (52.735)				
r^2				0.362		
r^2_a				0.360		
year	Yes	Yes	Yes	Yes	Yes	Yes
N	5562	5562	5562	5562	5562	5562

注：* 表示 $p<0.1$，** 表示 $p<0.05$，*** 表示 $p<0.01$。

2. 反事实检验法

按照本文理论逻辑，如果上述假设在非产能过剩样本中不成立，则可以反证论文结论的可靠性。在全样本中剔除产能过剩样本，剩余样本为非产能过剩样本，样本量为3516，回归结果如表9所示。在非产能过剩样本中，税收优惠与行业投资趋同显著负相关，但与过度投资不相关，不存在税收优惠促进过度投资降低产能利用率的事实，这反而说明税收优惠有利于企业甄别投资机会，降低行业投资趋同，行业投资趋同降低了税收对产能过剩的促进效应。反事实检验证明论文结论基本是稳健的。

表9　　　　　　　　　　非产能过剩样本回归结果

	M-1 CU	M-2 Cov	M-3 CU	M-4 OI	M-5 CU	M-6 CU
PTax	-0.113*** (-4.677)	-0.014* (-1.919)	-0.175*** (-5.151)	-0.001 (-0.285)	-0.112*** (-4.669)	-0.174*** (-5.131)
Cov			-0.063*** (-5.068)			-0.058*** (-4.730)
PTax*Cov			0.118** (2.521)			0.117** (2.508)
OI					0.648*** (5.212)	0.606*** (4.873)

续表

	M-1 CU	M-2 Cov	M-3 CU	M-4 OI	M-5 CU	M-6 CU
Size	0.166*** (21.882)	-0.013*** (-6.726)	0.165*** (21.771)	0.022*** (21.834)	0.152*** (18.846)	0.151*** (18.863)
AGE	0.004*** (4.189)	-0.001*** (-3.175)	0.004*** (4.078)	0.004*** (24.678)	0.002* (1.849)	0.002* (1.886)
LEV	0.090*** (2.809)	-0.023** (-2.363)	0.084*** (2.623)	0.015*** (3.310)	0.081** (2.527)	0.076** (2.371)
TobinQ	0.030*** (9.145)		0.031*** (9.515)	-0.002*** (-3.580)	0.031*** (9.497)	0.032*** (9.817)
Growth	0.133*** (5.840)	0.041*** (5.888)	0.141*** (6.218)	0.006** (2.068)	0.129*** (5.689)	0.137*** (6.044)
CASH	0.263*** (8.543)	-0.007 (-0.735)	0.261*** (8.518)	-0.014*** (-3.376)	0.273*** (8.873)	0.271*** (8.830)
BIG	0.044 (1.265)		0.046 (1.333)	0.001 (0.144)	0.043 (1.251)	0.045 (1.313)
DUAL	0.004 (0.371)		0.004 (0.397)	-0.001 (-1.012)	0.005 (0.456)	0.005 (0.474)
PAY	-0.024*** (-2.865)		-0.024*** (-2.817)	-0.000 (-0.034)	-0.024*** (-2.873)	-0.024*** (-2.822)
HHI	1.073*** (5.961)		0.988*** (5.485)	0.113*** (4.609)	0.997*** (5.548)	0.925*** (5.139)
Index	0.011*** (3.464)		0.010*** (3.285)	0.001* (1.825)	0.010*** (3.304)	0.010*** (3.149)
Divfic	-0.078*** (-3.768)		-0.074*** (-3.561)	-0.007** (-2.381)	-0.074*** (-3.565)	-0.070*** (-3.384)
SOE	-0.055*** (-4.698)		-0.055*** (-4.716)	0.000 (0.187)	-0.055*** (-4.742)	-0.055*** (-4.756)
_cons	-3.072*** (-20.214)	1.066*** (26.803)	-3.006*** (-19.773)	-0.563*** (-27.304)	-2.711*** (-16.293)	-2.674*** (-16.100)
var(e.CU)	0.072*** (39.316)		0.072*** (39.320)		0.072*** (39.320)	0.071*** (39.323)

续表

	M-1 CU	M-2 Cov	M-3 CU	M-4 OI	M-5 CU	M-6 CU
var(e.Cov)		0.007*** (41.929)				
r^2				0.360		
r^2_a				0.356		
year	Yes	Yes	Yes	Yes	Yes	Yes
N	3516	3516	3516	3516	3516	3516

注：* 表示 $p<0.1$，** 表示 $p<0.05$，*** 表示 $p<0.01$。

3. 倾向得分匹配法（PSM）

为克服样本选择带来的内生性问题，本文采用倾向得分匹配再次检验。由于本文样本均属于制造业，因此选取本文所有的控制变量作为企业多维度特征变量，寻找享受税收优惠企业的可比样本，得到处理组和控制组样本共计 4594 个。表 10 为检验结果，对比表 4 可知，结论不变，说明结果是稳健的。

表 10　　　　　　　　　　　　PSM 检验结果

	M-1 CU	M-2 Cov	M-3 CU	M-4 OI	M-5 CU	M-6 CU
PTax	-0.087*** (-4.509)	-0.011* (-1.948)	-0.133*** (-4.667)	0.014*** (3.507)	-0.083*** (-4.270)	-0.129*** (-4.532)
Cov			-0.062*** (-5.564)			-0.063*** (-5.709)
PTax*Cov			0.081** (2.146)			0.083** (2.188)
OI					-0.333*** (-4.618)	-0.346*** (-4.813)
Size	0.146*** (26.474)	-0.002 (-1.179)	0.146*** (26.597)	0.024*** (21.608)	0.154*** (26.671)	0.155*** (26.851)
AGE	0.000 (0.095)	-0.000 (-0.231)	0.000 (0.216)	0.004*** (21.375)	0.001 (1.484)	0.001* (1.661)
LEV	0.064** (2.318)	-0.010 (-1.234)	0.061** (2.209)	0.039*** (6.949)	0.077*** (2.779)	0.074*** (2.689)

续表

	M-1 CU	M-2 Cov	M-3 CU	M-4 OI	M-5 CU	M-6 CU
TobinQ	0.030*** (9.636)		0.030*** (9.926)	-0.002*** (-2.880)	0.029*** (9.458)	0.030*** (9.750)
Growth	0.087*** (4.389)	0.036*** (6.090)	0.094*** (4.772)	0.042*** (10.436)	0.101*** (5.049)	0.109*** (5.465)
CASH	0.202*** (7.787)	0.004 (0.505)	0.201*** (7.801)	-0.000 (-0.067)	0.201*** (7.795)	0.201*** (7.808)
BIG	0.074*** (2.593)		0.075*** (2.646)	-0.008 (-1.403)	0.071** (2.502)	0.072** (2.552)
DUAL	0.015 (1.621)		0.014 (1.589)	-0.001 (-0.699)	0.014 (1.576)	0.014 (1.541)
PAY	-0.007 (-1.026)		-0.006 (-0.841)	0.001 (0.517)	-0.007 (-0.992)	-0.006 (-0.802)
HHI	1.205*** (6.220)		1.123*** (5.802)	-0.086** (-2.165)	1.176*** (6.085)	1.091*** (5.650)
Index	0.005* (1.781)		0.004* (1.658)	0.000 (0.290)	0.005* (1.813)	0.004* (1.688)
Divfic	-0.067*** (-3.989)		-0.064*** (-3.846)	-0.009** (-2.496)	-0.070*** (-4.167)	-0.067*** (-4.029)
SOE	-0.030*** (-3.085)		-0.030*** (-3.153)	-0.007*** (-3.737)	-0.032*** (-3.336)	-0.033*** (-3.416)
_cons	-2.825*** (-24.576)	0.817*** (30.897)	-2.804*** (-24.476)	-0.587*** (-25.196)	-3.021*** (-24.686)	-3.008*** (-24.667)
var(e.CU)	0.066*** (45.108)		0.066*** (45.112)		0.066*** (45.110)	0.065*** (45.114)
var(e.Cov)		0.006*** (47.927)				
r²				0.373		
r²_a				0.370		
year	Yes	Yes	Yes	Yes	Yes	Yes
N	4594	4594	4594	4594	4594	4594

注：*表示 $p<0.1$，**表示 $p<0.05$，***表示 $p<0.01$。

六、结论与政策建议

（一）结论

（1）税收优惠对企业产能利用率的影响机制是复杂的、具有很强异质性的。税收优惠有利于企业甄别投资项目的盈利能力，降低投资趋同程度，但是税收优惠有可能推动企业过度投资，过度投资很可能降低企业产能利用率。当存在行业投资趋同时，税收优惠对产能利用率的影响效果会减弱。

（2）税收优惠对不同产权的企业投资和产能利用率影响机制不同。非国有企业产能利用率对国家减税政策敏感度更高，行业投资趋同调节机制和内部过度投资的中介机制作用是显著的；国有企业受到政府干预程度更高，税收优惠政策对国有企业投资和产能影响机制作用不显著。

（3）合理解释税收优惠政策与企业产能利用率之间关系需要将税收优惠置于行业投资趋同和企业过度投资交织的情境中。当行业投资趋同和过度投资程度均较低时，税收优惠显著提高产能利用率；当行业投资趋同程度较高，即使企业不存在较高过度投资，税收优惠已经不再能显著提高企业产能利用率，但也不会导致产能过剩；但当行业趋同程度较低、企业存在严重过度投资时，企业产能过剩已经出现，税收优惠降低企业成本，助长产能下降的存在；当行业投资趋同程度较高，且企业存在较严重的过度投资时，税收优惠才会才会导致全面的产能过剩。

（二）政策建议

以上研究结论在肯定税收优惠政策作用的同时，也提出了监控行业投资趋同和企业过度投资情形，针对性调整政策力度的如下要求：

第一，在行业投资趋同程度不是很高的行业，企业投资不足，或者过度投资程度不高的行业，继续大力推行税收优惠政策，有利于实现行业经济聚集和企业规模效应，降低企业成本，提高企业产能利用率。

第二，在行业投资趋同程度较低，企业出现较为严重的过度投资，而过度投资导致企业产能过剩时，国家应该对税收优惠政策进行检查，对企业过度投资行为进行调查，确定是否存在利用地方税收竞争干预企业的行为，是否存在政府干预企业投资的行为，并根据结果采取针对性、有差别的税收治理手段。

第三，当已经出现行业高度投资趋同时，要对企业是否同步出现过度投资行为进行调查，如果发现同时出现大面积的严重过度投资行为时，应该停止一切鼓励投资的税收激励政策，转向支持转型或转向投资，调整过剩产能，推动投资升级。如果没有出现大面积过度投资时，可以逐步减少投资激励，调整激励方向，预防企业出现严重过度投资。

第四，去产能政策对不同产权企业要有所区别，加大对国有企业去产能的督促和考核，降低去产能的黏性，强化政策作用效果。

参 考 文 献

[1] 白让让：《竞争驱动、政策干预与产能扩张——兼论"潮涌现象"的微观机制》，载《经济研究》2016年第11期。

[2] 程俊杰：《中国转型时期产业政策与产能过剩——基于制造业面板数据的实证研究》，载《财经研究》2015年第8期。

[3] 邓忠奇、刘美麟、庞瑞芝：《中国钢铁行业产能过剩程度测算及去产能政策有效性研究》，载《中国地质大学学报（社会科学版）》2018年第6期。

[4] 杜兴强、曾泉、杜颖洁：《政治联系、过度投资与公司价值——基于国有上市公司的经验证据》，载《金融研究》2011年第8期。

[5] 韩国高、高铁梅、王立国：《中国制造业产能过剩的测度、波动及成因研究》，载《经济研究》2011年第12期。

[6] 韩文龙、黄城、谢璐：《诱导性投资、被迫式竞争与产能过剩》，载《社会科学研究》2016年第4期。

[7] 贺京同、贺坤、刘倩：《投资趋同、政策导向与稳定增长》，载《南开学报（哲学社会科学版）》2018年第2期。

[8] 靳毓：《税收政策影响企业投资行为的研究综述》，载《北京工商大学学报（社会科学版）》2019年第1期。

[9] 林毅夫、巫和懋、邢亦青：《"潮涌现象"与产能过剩的形成机制》，载《经济研究》2010年第10期。

[10] 刘斌、张列柯：《去产能粘性粘住了谁：国有企业还是非国有企业》，载《南开管理评论》2018年第4期。

[11] 刘航、孙早：《城镇化动因扭曲与制造业产能过剩——基于2001~2012年中国省级面板数据的经验分析》，载《中国工业经济》2014年第11期。

[12] 刘尚希、樊轶侠、封北麟：《"去产能"财政政策分析、评估及建议》，载《经济纵横》2018年第1期。

[13] 刘奕、林轶琼：《地方政府补贴、资本价格扭曲与产能过剩》，载《财经问题究》2018年第11期。

[14] 柳光强：《税收优惠、财政补贴政策的激励效应分析——基于信息不对称理论视角的实证研究》，载《管理世界》2016年第10期。

[15] 申慧慧、于鹏、吴联生：《国有股权、环境不确定性与投资效率》，载《经济研究》2012年第7期。

[16] 王立国、鞠蕾：《地方政府干预、企业过度投资与产能过剩：26个行业样本》，载《改革》2012年第12期。

[17] 王文甫、明娟、岳超云：《企业规模、地方政府干预与产能过剩》，载《管理世界》2014年第10期。

- [18] 魏天保：《税收负担、税负结构与企业投资》，载《财经论丛》2018年第12期。
- [19] 徐齐利、聂新伟、范合君：《政府补贴与产能过剩》，载《中央财经大学学报》2019年第2期。
- [20] 叶玲、李心合：《管理者投资羊群行为、产业政策与企业价值——基于我国A股上市公司的实证检验》，载《江西财经大学学报》2012年第5期。
- [21] 张林：《中国式产能过剩问题研究综述》，载《经济学动态》2016年第9期。
- [22] 张新民、张婷婷、陈德球：《产业政策、融资约束与企业投资效率》，载《会计研究》2017年第4期。
- [23] 张亚斌、朱虹、范子杰：《地方补贴性竞争对我国产能过剩的影响——基于倾向匹配倍差法的经验分析》，载《财经研究》2018年第5期。
- [24] 周劲、付保宗：《产能过剩的内涵、评价体系及在我国工业领域的表现特征》，载《经济学动态》2011年第10期。
- [25] 邹卫星、陈雪峰、刘砚砚：《为什么产能难以规制——兼论新中国成立以来的产能调控效应》，载《福建论坛（人文社会科学版）》2019年第7期。
- [26] Coelli, T., Grifell-Tatje, E., and Perelman, S., 2002: Capacity utilization and profitability: A decomposition of short run profit efficiency, *International Journal of Production Economics*, Vol. 79, No. 3.
- [27] Graham, J. R., 1999: Herding among Investment Newsletters: Theory and Evidence, *Journal of Finance*, Vol. 54, No. 1.
- [28] Hall, R. E. and Jorgenson, D. W., 1967: Tax Policy and Investment Behavior: Reply and Further Results, *The American Economic Review*, Vol. 59, No. 3.
- [29] Kamien, M. I. and Schwartz, N. L., 1972: Uncertain Entry and Excess Capacity, *The American Economic Review*, Vol. 62, No. 5.
- [30] Leary, M. T. and Roberts, M. R., 2014: Do Peer Firms Affect Corporate Financial Policy?, *Journal of Finance*, Vol. 69, No. 1.
- [31] Richardson, S., 2006: Over-investment of free cash flow, *Review of Accounting Studies*, Vol. 11, No. 2-3.

May the Tax Preferences Cause Overcapacity of Enterprises?

—Test Based the Double Mechanism of Investment Convergence and Overinvestment

Huifeng Liu   He Zhu   Zonghui Xiong

Abstract: The paper aimed to explore developing Mechanism about overcapacity of enterprises through testing how tax preference influenced the capacity utilization of enterprises. The findings showed that investment convergence was the external moderator and over-investment was part of the mediator between the tax preference and utilization of enterprise capacity. The roles of the external moderator and mediator was not alike in different property corporations. The influence of tax incentive on utilization of enterprise capacity experienced a dynamic process from promoting to decreasing. Only when higher convergence of industry investment and serious over-investment had occurred that tax preference was negative to overcapacity significantly. Therefore, supervising the degree of industry convergence and enterprise investment efficiency and implementing targeted tax policies not only can increase the capacity utilization of enterprises but also avoid overcapacity.

Key Words: Tax Preference   Capacity Utilization   Overcapacity   Investment Convergence   Overinvestment   Mechanism

JEL Classification: D24   H25

竞争企业间部分所有权对竞争的影响及反垄断政策研究述评与展望

于 左 张容嘉[*]

摘 要：本文研究了竞争企业间部分所有权对竞争的影响及反垄断政策的相关文献，每部分又分别从部分交叉所有权和部分共同所有权两个角度进行了分析。对于部分所有权对竞争的影响，已有文献主要从对竞争企业利润关联、竞争企业合谋、价格上涨、消费者福利、市场进入障碍的影响几个角度进行了研究。具体来说，对于部分交叉所有权会损害竞争，大多数研究存在较为一致的观点；对于部分共同所有权，则存在损害竞争和对竞争影响不确定两种不同的观点。关于对部分所有权的反垄断政策，已有文献主要从建议加强执法和不建议执法两个角度进行了研究。具体来说，对于部分交叉所有权的反垄断政策，大多数研究认为应加强对其进行执法；对于部分共同所有权的反垄断政策，存在建议加强执法和不建议执法两种不同的观点。本文在综述的基础上提出了研究展望。

关键词：部分所有权 部分交叉所有权 部分共同所有权 反竞争效应 反垄断政策

一、引 言

部分所有权是指企业间不具控制权的少数股权，主要分为部分交叉所有权和部分共同所有权两种形式。部分交叉所有权可以是单边的，即只有某一公司在另一公司中持有少数股权；可以是双边的，即两家公司间相互持有少数股权；也可以是多边的，即多家公司间相互持有少数股权。部分共同所有权则是指一个或多个股东同时在两家或多家公司中持有少数股权。

部分所有权在诸多行业中广为存在，且呈现不断增加趋势。例如在日本和美国的汽车行业、美国航空业、荷兰金融业、北欧电力行业、全球钢铁行

---

[*] 本文受教育部人文社会科学重点研究基地重大项目"竞争政策对高铁产业的适用性与难点问题"（16JJD790005）、"中国产业转型升级的轨迹和理论创新"（18JJD790002）资助。感谢匿名审稿人的修改建议。
于左：东北财经大学产业组织与企业组织研究中心；地址：辽宁省大连市沙河口区尖山街217号，邮编：116025；Email：yuzuoyz@163.com。
张容嘉：东北财经大学产业组织与企业组织研究中心；地址：辽宁省大连市沙河口区尖山街217号，邮编：116025；Email：zrj0029@sina.com。

业、全球铁矿石行业等。在中国,部分所有权存在于众多行业中,包括航空、银行等行业,在互联网行业中尤为常见,如苏宁和阿里巴巴、携程和百度、美团和大众点评、滴滴出行和优步(Uber)等。

完全并购或较高比例股权并购通常因可能排除、限制竞争而引起反垄断执法机构重视,需要进行经营者集中申报,经审查,如果损害竞争,很可能被禁止或附条件通过。部分所有权因不具控制权且交易股权较少,在大多数情况下不需要申报,也不会被阻止,因而被越来越多地使用。由于对部分所有权的研究较少,多数国家对于部分所有权收购还未有明确的反垄断执法态度。中国的反垄断法没有针对部分所有权的明确条款,美国等发达国家虽有相关规定,例如美国《克莱顿法》第7条规定"仅以投资为目的"的少数持股可免于并购审查,这实际上是对其实施了豁免。竞争企业间的部分所有权到底是否会损害竞争,是否应对其实施或实施何种反垄断政策,有待深入研究。

本文对竞争企业间部分所有权的竞争效应及反垄断政策的相关文献进行研究和综述,并尝试提出研究展望。

二、竞争企业间部分所有权对竞争影响

对于竞争企业间部分所有权对竞争的影响,已有文献主要从其对竞争企业利润关联、竞争企业合谋、价格上涨、消费者福利以及市场进入障碍的影响几个方面进行了研究,本文从以下几个角度对相关文献进行梳理。

1. 对竞争企业利润关联的影响

从部分交叉所有权角度来看,存在部分交叉所有权的竞争企业,企业之间存在直接的利润关联,企业在经营决策时需考虑与其相关的企业利润,从而降低了竞争动机。Reynolds and Snapp(1986)认为部分交叉所有权将目标企业与其实际或潜在竞争对手的利润联系起来,使其利润之间存在正相关关系。部分交叉所有权减少竞争的原因不是因为合谋的机会增加,也不是因为控制权集中的改变,而是因为利润的关联降低了每家公司的竞争动机。即使竞争企业间部分交叉所有权的份额较少,也会减少竞争。Reitman(1994)提出企业通过购买竞争对手的股份而减少激烈的竞争,即便不存在协调效应,部分交叉所有权也能够增加行业内所有公司的利润。Dietzenbacher et al.(2000)构建理论模型分析了在古诺竞争和伯川德竞争下,多家竞争企业间存在部分交叉所有权对价格—成本利润率[①]的影响。在这两种情况下,竞争均由于企业间的股权连锁而减少。以荷兰金融业为例,对比存在部分交叉所有权和不存在部分交叉所有权时的情况,企业进行伯川德竞争时价格成本—

---

① 价格—成本利润率:$(p-c)/p$,表示价格与边际成本的偏离率。

利润率可高出 2%，古诺市场至少高出 8%。Trivieri（2007）基于意大利银行业的数据，使用垄断均衡检验方法对比存在部分交叉所有权的银行与不存在部分交叉所有权的银行之间竞争程度，结果表明在 1996～2000 年期间，参与交叉持股的意大利银行之间的竞争程度比其他银行低，部分交叉所有权可能阻碍竞争。Ferreira and Waddle（2010）建立了双寡头市场中竞争企业间的利润分享模型，提出竞争企业分享彼此的利润会限制竞争，因为他们决策时会考虑竞争对手的利润。Brito et al.（2019）构建了存在部分交叉所有权的双寡头古诺竞争模型，提出部分交叉所有权会使每家公司的管理者考虑其竞争对手的盈利水平。在两家公司中，如果效率更高公司的管理者将效率较低的竞争对手的营业利润看得比自己公司的利润更重要时，部分所有权会比垄断更能减少竞争。

从部分共同所有权角度来看，一方面，多数研究认为存在部分共同所有权的竞争企业，需考虑股东的投资组合利润最大化，股东的投资组合利润是其投资的多家企业利润的加权和，企业间接考虑了其竞争对手的利润。Azar（2017）提出当公司拥有共同所有者时，公司经营者不仅要考虑其战略计划对公司利润的影响，还要考虑对股东投资组合利润的影响。如果所有的股东都持有多元化的投资组合，股东希望公司采取一致行动以最大化他们的目标，那么市场内所有的公司就像一个公司，各个公司本质上成为更大公司结构的分支机构。Hart and Zingales（2017）认为公司和资产管理公司会采取符合投资者偏好的政策，但股东福利最大化与市场价值最大化并不相同。如果股东拥有多样化的投资组合，经营者之间可能不需要达成正式或非正式的协议，就能利用他们的联合垄断势力，使反垄断法失去效力。Azar et al.（2018）以航空行业为例，提出若存在部分共同所有权，航空公司的管理者在选择经营策略时，会考虑到这些策略对实际股东所持股票投资组合价值的影响，而不是简单地试图最大化自己航空公司的价值。Backus et al.（2019）提出部分共同所有权导致公司改变其经营策略，减少公司之间的竞争，即使共同股东的持股比例不高也会减少竞争。Clapp（2019）提出在农业领域，当大型资产管理公司控制着大型跨国食品和农业公司相当大的股份时，大型资产管理公司会鼓励其拥有大量所有权的农业综合企业采取能给股东带来更高回报的经营策略，特别是追求有利于整个行业利润而非单个企业利润的市场策略。这可能导致反竞争行为，导致价格上涨、并购发生以及更高的市场进入障碍；还可能导致食品体系的不平等加剧、创新的减弱以及具有支配地位企业的市场支配力和政治权利增强。Condon（2019）认为共同股东会为了减少竞争而影响公司层面的管理决策，使公司偏离利润最大化目标，以实现机构投资者的投资组合利润最大化。另一方面，也有研究指出共同股东不会影响企业决策，部分共同所有权并不会导致企业偏离其利润中最大化目标，因此竞争企业之间利润不存在关联。Gramlich and Grundl（2018）对"部分共同所有权会使企业更加重视与其具有相同股东的竞争对手的利润"的说法提出质疑，并使用来自银行业的会计数据检验利润权重的变化是否与企业利润的变化相关，他们认为并未发现有证据能够表明共同所有权对银行业利润变化产生了重要影响。Gilje et al. (2018)也提出部分共同所有权不太可能改变企业管理动机，影响公司实施反竞争行为。Hemphill and Kahan (2018)提出现有研究并没有证据表明共同股东确实影响了企业决策，还不能够确定共同所有权是否会导致反竞争效应。Walker (2019)提出共同所有者通过高管薪酬设计减少竞争这一机制并无足够的证据支撑，这也进一步削弱了"共同所有权抑制了企业间的竞争"的说法。Gomtsian (2019)认为大型资产管理公司对企业干预大多局限于促进良好的公司治理和经理投票准则，不太可能干预企业经营策略或业绩，促使企业采取反竞争的行为。

2. 对竞争企业合谋的影响

从部分交叉所有权角度来看，一方面，多数研究认为部分交叉所有权会促进竞争企业合谋。Parker and Roller (1997)认为部分交叉所有权会促使企业合谋，实施卡特尔定价，因此部分交叉所有权是导致高价的重要因素之一。他们以美国移动电话行业为例构建双寡头垄断结构模型，发现当前市场结构下的移动电话话费价格明显高于竞争时的价格。Alley (1997)以美国和日本的汽车行业为例，通过构建部分交叉所有权的推测变异模型，对美国和日本的汽车行业内的合谋程度进行估计。结果表明日本的汽车生产商在日本汽车市场存在合谋行为，但合谋程度低于美国汽车市场。Gilo and Spiegel (2006)认为企业合谋的动机依赖于整个行业的部分交叉所有权结构。当企业是相同的（企业均以相同的边际成本生产同质产品），只有多边部分交叉所有权可能促成默契合谋；公司的控制人可以通过直接投资于竞争对手的公司和稀释自己公司的股份来进一步促成默契合谋；当存在成本不对称的情况，即使仅是效率较高的企业对效率较低的竞争对手进行投资，即单边的部分交叉所有权也会促成默契合谋。合谋导致产品价格上涨，且当市场内效率最高的公司向竞争对手投资时，合谋价格接近市场垄断价格。存在部分交叉所有权的企业，还可能通过操控价格、划分市场加强合谋稳定性。Qin et al. (2017)提出对于双寡头企业，存在"成对稳定"的交叉持股结构，即双方不能够通过改变交叉持股结构来增加总利润，该持股结构已实现利润最大化。对于三家企业，也存在成对稳定的交叉持股结构。对于四家及更多的公司，并不存在交叉持股的均衡。也就是说，当行业更加集中时，竞争企业间的交叉持股会促进其合谋。He and Huang (2017)使用1980～2014年美国上市公司的数据，分析了行业内交叉持股对产品市场绩效和行为的影响。他们发现存在交叉持股公司的市场份额增长明显高于非交叉持股公司，部分交叉所有权通过促进产品市场协调提高了价格，获取了更高的利润。于左等(2015)构建了企业间部分交叉所有权合谋形成机制的理论模型，认为铁矿石行业中澳大利亚必和必拓和力拓之间的部分交叉所有权有利于其合谋，实施超高定价，导致中国进口铁矿石定价权缺失。另一方面，也有研究认为部分交叉所有权在特定情况下可能抑制合谋，应针对个案进行分析。Malueg（1990）提出如果公司间进行重复博弈，在某些情况下部分交叉所有权反而减少了合谋的可能性。且相比不存在部分交叉所有权的情况，较高比例的交叉持股更不利于合谋。Merlone（2007）也提出部分交叉所有权对竞争企业合谋的影响不仅取决于企业的交叉持股比例，还取决于企业的成本函数。在持股企业边际成本较高的情况下，企业合谋可能性降低。Brito et al.（2018）也提出部分交叉所有权的协调效应通常是模棱两可的。他们提出了一种定量评估协调效应的方法，并使用湿剃行业中的几项部分交叉所有权收购进行了实证检验，提出（1）在任何收购中，收购方在收购前所能影响的公司间协调动机不会减少；（2）被收购公司的协调动机不因收购涉及财务控制权和公司控制权而减少，但也不因仅涉及财务控制权而增加；（3）在任何收购中，行业内剩余公司的协调动机并不会增加。他们认为该经验结构方法可以评估任何类型的部分所有权收购所导致的协调效应，可使用该方法针对个案进行分析。

从部分共同所有权角度来看，一方面，多数研究认为部分共同所有权会促进竞争企业合谋。于左等（2014）构建了中国钾肥谈判博弈模型，证明当竞争者之间具有共同所有权时，所有权成为利益纽带，竞争者之间的竞争性减弱、合作性加强，容易出现合谋。Neus and Stadler（2018）认为企业间存在共同股东时，在设计经理薪酬方案时具有合谋的动机。这种协调行为减少了竞争，导致市场总产出减少、造成消费者福利损失。Rock and Rubinfeld（2018）提出当存在以下五种情况时，共同所有权均会增加其在市场中实施合谋的可能性："共同所有者是卡特尔发起人时；共同拥有者作为值得信赖的战略提议者时；共同所有者促使竞争企业实施相同的薪酬结构时；共同所有者导致较高的市场进入障碍时；共同所有者作为企业间的信息传递者时"。另一方面，有研究提出部分共同所有权的协调效应尚不明确，是否能够促进企业合谋还需进一步讨论。Lewellen and Lowry（2020）认为尽管有大量研究提出了共同所有权会损害竞争，但很少有确凿的证据表明共同所有权会增加企业间的协调、影响企业行为，也没有发现任何证据表明它会导致更普遍的投资支出下降，最重要的一点是并未发现任何证据表明部分共同所有权会导致经营业绩或股票回报率的上升。因而这些"证据"并不足以支撑部分共同所有权会损害竞争的结论。

3. 对价格上涨的影响

从部分交叉所有权角度来看，已有研究均认为部分交叉所有权会导致价格上涨。Farrell and Shapiro（1988）发现，当一家公司的股东获得了其竞争对手公司不具控制权的部分股份后，产品的价格提高了。Amundsen and

Bergman（2002）探讨了挪威和瑞典主要电力公司之间不断增加的部分交叉所有权对于竞争和价格的影响。1996 年由于瑞典对其电力市场放松规制，致使市场高度集中。挪威电力市场集中度较低，瑞典政府选择跨国整合挪威和瑞典的电力市场以降低市场集中度，提高发电公司竞争力。但是，瑞典和挪威主要发电公司在整合市场后，采取了部分交叉所有权的方式，收购了多家竞争对手公司的股份，这种行为实际上增加了主要发电公司的市场势力，从而使电力市场价格上涨。主要电力公司通过部分交叉所有权的方式，重新获得了由于电力市场整合而失去的市场支配地位。Gilo（2001）提出在竞争者数量较少的行业中，即使是对竞争对手的完全被动投资[①]也会严重损害竞争，且即便企业之间不存在合谋，也会提高价格。此外，当某一公司的控股股东投资其竞争对手公司时，控制人在其控制的公司中持股份额越少，形成的反竞争效应越大。Shelegia and Spiegel（2012）构建了成本不对称的伯川德双寡头垄断模型，证明当企业间存在部分交叉所有权时，该博弈会存在多个纳什均衡，均衡价格可能与市场内最有效率的公司的垄断价格一样高。

从部分共同所有权角度来看，部分共同所有权与产品价格上涨存在相关性。Azar et al.（2018）研究了由两家大型资产管理公司联合所导致的航空公司所有权变化，发现共同所有权与机票价格上涨密切相关。Backus et al.（2018）研究了部分共同所有权对即食谷物行业四大公司可能的影响。发现两个市场份额为 30% 的公司（凯洛格公司和通用磨坊公司）之间合并，只会使整体谷物价格指数增加 7%；但从没有共同所有者转变为具有共同所有者的结构，将使价格上涨 17.4% 和 10%。部分共同所有权导致的价格上涨虽然小于完全合谋时（价格上涨 43%）的情况，但效果已十分明显。

4. 对消费者福利的影响

对消费者福利的影响相关研究主要集中在部分交叉所有权领域。一方面，多数研究认为部分交叉所有权会损害消费者福利。Charléty et al.（2009）提出收购竞争对手相对较高的股份会导致收购方股东以牺牲小股东的利益为代价降低自己公司的生产水平，从而使竞争对手受益。无论是具有控制权还是不具控制权的部分交叉所有权收购，总会对消费者剩余产生负面影响。Brito et al.（2010）构建了部分交叉所有权的双寡头垄断竞争模型，探讨不同所有权份额和控制权份额对消费者福利的影响。他们提出存在控制权的部分交叉所有权和不存在控制权的部分交叉所有权都会减少消费者剩余，但存在控制权会比不存在控制权影响更大。Jovanovic and Wey（2014）认为部分交叉所有权直接降低了市场的竞争强度，损害消费者福利。另一方面，也有研究提出部分交叉所有权可能对消费者福利有益。Serbera and Fry（2019）认为相比于部分交叉所有权，完全并购对竞争的损害更大，而不对称的部分交

---

① 被动投资指收购不具控制权的少数股权，相当于部分所有权。

叉所有权可以通过降低目标公司的吸引力，有效抵御敌意收购，某种形式的部分交叉所有权收购可能对提高社会总福利有益。

5. 对市场进入障碍的影响

从部分交叉所有权角度来看，部分交叉所有权会提高市场进入障碍。Li et al.（2015）建立了双寡头垄断模型，研究交叉持股对阻止潜在竞争对手市场进入的影响。在博弈均衡结果中，在位企业通过交叉持股来阻止潜在进入者进入，部分交叉所有权会降低潜在竞争者进入市场的动机。

从部分共同所有权角度来看，部分共同所有权会提高市场进入障碍。Newham et al.（2018）以仿制药行业为例，研究了共同所有权对市场进入的影响。他们构建了理论模型，提出较高的共同所有权减少了市场进入，因为共同所有者具有阻止进入的激励和能力。通过实证研究证明，潜在的进入者与药物市场中的品牌公司（现任者）之间较高的共同所有权对仿制药公司进入市场的可能性具有显著的负面影响，即品牌公司（在位公司）与潜在的仿制药进入者之间的共同所有权降低了仿制药公司进入的可能性。共同所有权的一个标准偏差的增加使潜在进入者进入的可能性降低了9%~13%，制药行业的共同所有权可能会提高消费者和医疗保险支付者的成本。

6. 其他可能的影响

除了上述影响外，Elhauge（2015）认为部分共同所有权还可以解释一些基本的经济学难题，包括企业高管为什么会因行业业绩而非个人业绩而获得奖励，企业为什么没有利用最近的高额利润来扩大产出和就业，以及近几十年来经济不平等现象的加剧。他认为共同所有权是企业投资与利润之间存在差距的主要原因，而这种差距正制约着经济增长（Elhauge，2017）。

三、针对部分所有权的反垄断政策

1. 建议加强反垄断执法

从部分交叉所有权角度来看，已有研究均建议应加强对部分交叉所有权的反垄断关注及执法，且一些研究提出了估计部分交叉所有权产生的协调效应的方法。Amundsen and Bergman（2002）认为反垄断执法机构不应仅关注完全并购，还应密切关注部分交叉所有权收购，特别是收购方是市场内主要竞争者时的情况。Gilo（2001）认为反垄断执法机构应关注部分交叉所有权的反竞争效应。Gilo and Spiegel（2006）进一步提出，美国《克莱顿法案》第7条对"仅用于投资"的部分收购实施了豁免政策，但实际上对这类投资采取全面宽松的方法是不正确的。许多情况下，竞争对手的部分收购很可能会促进默契合谋，相关执法机构在审查涉及竞争对手之间的部分交叉所有权收购案件时应慎重考虑。Jovanovic and Wey（2014）提出与完全合并类似，反垄断执法机构应该及时对部分交叉所有权进行审查及执法，阻止可能损害竞争的部分交叉所有权收购。Shekhar and Wey（2017）提出反垄断执法机构可使用前瞻性价格测试和安全港规则两种方法来估计部分交叉所有权的协调效应，以决定该收购是否损害竞争、是否应该被阻止。Brito et al.（2018）认为公司管理人员在决策过程中起到了关键作用，这些决策通常涉及市场定价等方面。因此，反垄断执法机构在审查时应关注部分收购是否增加了行业中管理人员（而非公司）之间协调的可能性。此外，他们还提出了一种可以定量评估部分收购协调效应的结构模型，作为反垄断执法机构的审查工具。

从部分共同所有权的角度来看，一方面，多数研究认为应加强对所有行业中部分共同所有权的反垄断执法，重点关注其是否损害了竞争。Posner et al.（2017）提出应设置安全港，即限制寡头垄断行业投资者在公司中持有的股权份额（不超过该行业总规模的1%），或限制投资者仅能持有每个行业中单一"有效公司"①的股份。Elhauge（2018）认为在美国共同所有权具有反竞争效应时，不仅在《克莱顿法案》第7条下是非法的，在《谢尔曼法案》第1条下也是非法的。Elhauge（2019）进一步提出当前已经有足够的因果机制证据证明共同所有权会产生反竞争效应，建议"推迟对共同所有权进行反垄断执法"的观点是错误的。反垄断执法更应关注部分共同所有权是否产生了反竞争效应，并不需要因果机制的明确证据。Inderst and Thomas（2019）提出不应假定共同所有权本身会产生反竞争效应，但要评估其对价格、创新竞争或其他竞争参数的实际影响。另一方面，也有研究提出部分共同所有权在不同的市场结构下对竞争影响不同，应针对特定行业或个案进行执法。Kini et al.（2018）分析了美国上市公司中共同所有权的竞争效应。提出在不太集中的行业和具有类似产品/技术的行业，共同所有权的促进竞争效应更强。他们建议对部分共同所有权执法应采取一种更为细致的方式。Lopez and Vives（2019）也提出对共同所有权反竞争效应的审查应更多地放在集中度较高或技术溢出机会较低的行业。Patel（2018）认为共同所有权对竞争的影响具有先天的不确定性，而且对这些竞争影响的性质和程度的经济理解在不断发展，因此应当在个案的基础上评估共同所有权。应根据具体情况评估交易或行为对竞争的影响。Patel（2019）进一步提出学者应研究的相关反垄断问题不是共同所有权是否普遍损害竞争，而是在特定的相关市场中，共同所有权的特定表现是否严重损害竞争。

2. 不建议反垄断执法

不建议执法的相关研究主要集中在部分共同所有权领域。多数研究认为对部分共同所有权的研究还不够广泛，也不够深入，不存在确凿的证据证明其会产生反竞争效应，在对其进行执法前还需要进一步研究。O'Brien and Waehrer（2017）认为鉴于理论上的模糊性和不确定性，单凭理论并不足以

---

① "有效公司"是指一家公司的市场份额相当于市场内所有公司市场份额的加权平均值。

证明涉及少数股权的共同所有权可能具有反竞争效果，迄今为止的实证文献也并未证实共同所有权已经损害或可能损害竞争。Backus et al. (2019) 提出当前研究仅局限在共同所有权对价格的影响，在得出更广的结论前需要做更多的工作。Koch et al. (2018) 研究了多个行业中的企业共同所有权与产品市场竞争的关系，发现共同所有权既不与行业盈利能力或产出、价格显著正相关，也不与非价格的竞争措施显著负相关。对单一行业研究结果表明航空业和银行业的共同所有权增加、竞争减弱，这一结论并不广泛适用于其他行业。现有的研究还不足以支持对共同所有权实施改革，还有许多相关问题并未解决，还需进一步研究。

也有研究提出部分共同所有权并未产生反竞争效应，盲目对其进行执法可能会造成更大的福利损失，因此不应对其进行反垄断执法。Rock and Rubinfeld (2017) 认为共同所有权并未违反反垄断法。以航空行业为例，航空公司的股东拥有非常不同的投资组合：一些股东拥有市场内所有主要航空公司股份，另一些股东只拥有几家航空公司股份，还有一些股东只拥有一家航空公司股份。即使假设航空公司的经理知道他们投资者的持股情况，也无法确定其会对航空公司的经营策略产生怎样的影响、是否会进一步影响整个行业的定价。不同航空公司的机构投资者不同，而且往往会随着时间而变化，其所有权（低于15%）与控制权无关。除了最大化公司的价值，任何其他的策略都很难能够获得投资者的认可，因为其投资组合是异质的，而且经常在变化。因此当前的政策，即机构投资者所有权份额不足15%时，并不会产生反竞争效应，投资者可以免受反垄断责任。Klovers and Ginsburg (2018) 也认为对共同所有权进行反垄断执法是错误的。第一，支持对共同所有权实施反垄断执法的观点实际上将投资者投资管理所有权与个人持有者的经济所有权混为一谈。第二，支持者大大夸大了现有能够证明共同所有权会导致反竞争损害的实证研究的有效性和强度。第三，支持者夸大了相关法律案例的影响。第四，从根本上说，支持者认为应进行执法的行为或者集中在不违法的行为上，或者集中在无实际证据的"反竞争行为"上。如果被证明某些行为真正具有反竞争效应，才可以使用现有的反垄断法来处理合谋和交换竞争敏感信息等问题。Lambert and Sykuta (2018) 认为机构投资者共同所有权的反竞争理论是不可信的，支持该理论的实证研究在方法论上是不健全的。即使机构投资者对竞争企业的共同所有权确实在一定程度上缓和了市场竞争，对其采取的反垄断政策造成的福利损失也会超过其能创造的社会福利，因此不应对部分共同所有权采取任何措施。Lambert and Sykuta (2019) 进一步提出对共同所有权进行额外反垄断干预的边际成本可能远远超过这些干预所能获得的边际效益，为纠正共同所有权损害而提出的干预措施可能造成巨大的福利损失。Yegen (2019) 认为共同股东并未在其投资组合中获利，公司之间也并不存在合谋的现象，因此没有必要出台新的法律来限制共同所有权。

Kennedy et al.（2017）使用航空公司数据进行了实证研究，声称并未发现共同所有权会导致机票价格上涨，因此不支持对部分共同所有权进行执法。

四、研究述评与展望

1. 研究述评

对于竞争企业间部分所有权对竞争的影响，相关文献主要从对竞争企业利润关联、竞争企业合谋、价格上涨、消费者福利、市场进入障碍的影响几个方面进行了研究。具体来说，对部分交叉所有权对竞争的影响存在较为一致的结论，即部分交叉所有权会产生反竞争效应。这是由于存在部分交叉所有权的企业之间相互持股，存在直接的股权关联，企业在经营决策时会考虑与其相关的企业利润，进而减少竞争。尽管有少数研究结论表明部分交叉所有权能够促进竞争，但也都是基于特定情况下，并非所有的部分交叉所有权都能够促进竞争。对部分共同所有权对竞争的影响观点差异较大，一些研究认为其会产生反竞争效应，另一些则认为当前研究不足以证明部分共同所有权会损害竞争，还需要进一步研究。这是由于当前研究认为部分共同所有权是通过改变企业利润最大化目标，转而实现共同股东的投资组合利润最大化，间接将企业之间的利润关联起来。一些研究提出共同股东可能通过派驻董事、改变高管薪酬机制等方式影响企业决策，但是并没有确凿的证据证明股东确实会影响企业的决策。此外，对于部分共同所有权的理论研究数量较少，大多研究均是实证检验，这类文献主要通过分析存在共同股东时的市场集中度（MHHI）与市场价格上涨之间的联系，判断部分共同所有权对价格的影响，进而判定其对竞争的影响。部分共同所有权是如何影响价格与产量、通过什么方式影响竞争，很少有文献从理论方面给予清晰解释。实证研究中能够影响价格的因素较多，很难考虑到所有情况，在缺乏理论基础的情况下就会导致研究结论差别较大。

对于部分所有权的反垄断政策，相关文献主要存在建议反垄断执法和不建议执法两种观点。具体来说，对于部分交叉所有权，已有文献均建议加强反垄断执法。对于部分共同所有权则存在不同观点，一些研究认为应对其加强反垄断执法，或针对特定行业加强执法；另一些研究则认为不应对其进行反垄断执法，因为现有研究还不足以证明部分共同所有权会产生反竞争效应，盲目对其进行反垄断执法可能会造成更大的福利损失。

虽然对部分所有权对竞争影响及反垄断政策的研究已取得较大进展，但仍存在一些不足。一是，对部分所有权的理论研究假设条件过于笼统，与实际不符的较多，理论的适用性不强。二是，当前研究只聚焦部分所有权中一种情况（部分交叉所有权或部分共同所有权）对竞争的影响，但在许多行业中，部分交叉所有权和部分共同所有权是同时存在的，针对这种情况的研究还很少见。只考虑其中一种股权结构对竞争影响可能导致结论存在误差。三是，整体而言，针对部分所有权的实证研究及案例研究较少，在中国则更少。

2. 研究展望

随着全球及中国境内越来越多的企业间存在部分所有权，企业间部分所有权对竞争的影响及竞争政策的相关研究有待进一步加强。今后，可从以下几个方面开展进一步的研究：

第一，进一步研究竞争企业市场占有率不同、企业持股比例对称及不对称、同一共同股东持有多个企业股权、竞争企业间存在多个共同股东、共同股东在竞争企业有不同所有权和控制权份额等的情况下，部分所有权对竞争的影响。

第二，研究竞争企业间部分交叉所有权和部分共同所有权同时存在时，两种持股方式同时发生、两种持股方式发生前后顺序不同、市场内企业数量不同、市场份额不对称、共同股东数量不同等的情况下，部分所有权对竞争的影响。

第三，研究非横向企业间，不同市场内的企业持股比例对称或不对称、不同市场内企业数量一致或存在差异、以及存在共同股东的情况下，部分所有权对竞争的影响。

第四，在理论研究基础上，基于各国行业数据进行实证检验或案例研究，分析不同国家或不同行业中的部分所有权结构存在的相似之处或差异、不同行业中的部分所有权对竞争影响的相似之处或差异等。基于以上结论提出针对部分所有权的反垄断政策，基于以上结论提出针对部分交叉所有权的反垄断执法建议，包括是否仅针对特定条件下执法、不同条件下应采取的补救措施以及何种条件下可禁止交易等。

参 考 文 献

[1] 于左、付红艳、贾希锋：《企业间所有权、国际卡特尔与进口钾肥定价权缺失》，载《财经问题研究》2014年第5期。

[2] 于左、闫自信、彭树宏：《中国进口铁矿石定价权缺失与反垄断政策》，载《财经问题研究》2015年第12期。

[3] Alley, W. A., 1997: Partial Ownership Arrangements and Collusion in the Automobile Industry, *Journal of Industrial Economics*, Vol. 45, No. 2.

[4] Amundsen, E. S. and Bergman, L., 2002: Will Cross-ownership Re-establish Market Power in the Nordic Power Market?, *The Energy Journal*.

[5] Azar, J., 2017: Portfolio Diversification, Market Power, and the Theory of the Firm, *IESE Research Papers*.

[6] Azar, J., Schmalz, M. C., and Tecu, I., 2018: Anticompetitive Effects of Common

Ownership, *The Journal of Finance*, Vol. 73, No. 4.
[7] Backus, M., Conlon, C., and Sinkinson, M., 2018: Common Ownership and Competition in the Ready-to-eat Cereal Industry, *New York University Stern Working Paper*.
[8] Backus, M., Conlon, C., and Sinkinson, M., 2019: Common Ownership in America: 1980 – 2017, *National Bureau of Economic Research*.
[9] Brito, D., Cabral, L., and Vasconcelos, H., 2010: Duopoly Competition with Competitor Partial Ownership, *Mimeograph, Universidade Nova de Lisboa, Lisbon, Portugal*.
[10] Brito, D., Ribeiro, R., and Vasconcelos, H., 2018: Quantifying the Coordinated Effects of Partial Horizontal Acquisitions, *European Economic Review*, Vol. 110.
[11] Brito, D., Ribeiro, R., and Vasconcelos, H., 2019: Can Partial Horizontal Ownership Lessen Competition More Than a Monopoly?, *Economics Letters*, Vol. 176.
[12] Charléty, P., Fagart, M. C., and Souam, S., 2009: Incentives for Partial Acquisitions and Real Market Concentration, *Journal of Institutional and Theoretical Economics JITE*, Vol. 165, No. 3.
[13] Clapp, J., 2019: The Rise of Financial Investment and Common Ownership in Global Agrifood Firms, *Review of International Political Economy*.
[14] Condon, M., 2019: Externalities and the Common Owner, *Washington Law Review*.
[15] Dietzenbacher, E., Smid, B., and Volkerink, B., 2000: Horizontal Integration in the Dutch Financial Sector, *International Journal of Industrial Organization*, Vol. 18, No. 8.
[16] Elhauge, E., 2015: Horizontal Shareholding, *Harv. L. Rev.*, Vol. 129.
[17] Elhauge, E., 2017: The Growing Problem of Horizontal Shareholding, *Antitrust Chronicle*, Vol. 3.
[18] Elhauge, E., 2018: New Evidence, Proofs, and Legal Theories on Horizontal Shareholding, *Social Science Electronic Publishing*.
[19] Elhauge, E., 2019: How Horizontal Shareholding Harms Our Economy – And Why Antitrust Law Can Fix It, *SSRN Electronic Journal*.
[20] Farrell, J. and Shapiro, C., 1988: Horizontal Mergers: An Equilibrium Analysis, *American Economic Review*, Vol. 80, No. 1.
[21] Ferreira, J. L. and Waddle, R., 2010: Strategic Profit Sharing between Firms, *International Journal of Economic Theory*, Vol. 6, No. 4.
[22] Gilo, D., 2001: The Anticompetitive Effect of Passive Investment, *Michigan Law Review*, Vol. 99, No. 1.
[23] Gilo, D. and Spiegel, M. Y., 2006: Partial Cross Ownership and Tacit Collusion, *The RAND Journal of Economics*, Vol. 37, No. 1.
[24] Gilje, E. P., Gormley, T. A., and Levit, D., 2018: The Rise of Common Ownership, *Working Paper*.
[25] Gomtsian, S., 2019: Shareholder Engagement by Large Institutional Investors, *SSRN Working Paper*.
[26] Gramlich, J. and Grundl, S., 2018: The Effect of Common Ownership on Profits: Evidence From the US Banking Industry, *Working Paper*.

[27] Hart, O. and Zingales, L., 2017: Companies Should Maximize Shareholder Welfare Not Market Value, *ECGI – Finance Working Paper*.
[28] He, J. J. and Huang, J., 2017: Product Market Competition in a World of Cross-ownership: Evidence from Institutional Blockholdings, *The Review of Financial Studies*, Vol. 30, No. 8.
[29] Hemphill, C. S. and Kahan, M., 2018: The Strategies of Anticompetitive Common Ownership, *Yale Law Journal*.
[30] Inderst, R. and Thomas, S., 2019: Common Ownership and Mergers Between Portfolio Companies, *World Competition*, Vol. 42, No. 4.
[31] Jovanovic, D. and Wey, C., 2014: Passive Partial Ownership, Sneaky Takeovers, and Merger Control, *Economics Letters*, Vol. 125, No. 1.
[32] Kennedy, P., O'Brien, D. P., and Song. M., 2017: The Competitive Effects of Common Ownership: Economic Foundations and Empirical Evidence, *SSRN Electronic Journal*.
[33] Kini, O., Lee, S., and Shen, M., 2018: Common Institutional Ownership and Product Market Threats, *SSRN Electronic Journal*.
[34] Klovers, K. and Ginsburg, D. H., 2018: Common Ownership: Solutions in Search of a Problem, *Social Science Electronic Publishing*.
[35] Koch, A., Panayides, M. A., and Thomas, S., 2018: Common Ownership and Competition in Product Markets, *29th Annual Conference on Financial Economics & Accounting*.
[36] Lambert, T. A. and Sykuta, M. E., 2018: The Case for Doing Nothing About Institutional Investors' Common Ownership of Small Stakes in Competing Firms, *University of Missouri School of Law Legal Studies Research Paper*.
[37] Lambert, T. A. and Sykuta M. E., 2019: Are the Remedies for the Common Ownership Problem Worse than the Disease?: Assessing the Likely Decision and Error Costs of Proposed Antitrust Interventions, *Competition Policy International – CPI Antitrust Chronicle on Common Ownership Revisited*, Vol. 2.
[38] Lewellen, K. and Lowry, M., 2020: Does Common Ownership Really Increase Firm Coordination?, *Tuck School of Business Working Paper*.
[39] Li, S., Ma, H., and Zeng, C., 2015: Passive Cross Holding as a Strategic Entry Deterrence, *Economics Letters*, Vol. 134.
[40] López, Á. L. and Vives, X., 2019: Overlapping Ownership, R&D spillovers, and Antitrust Policy, *Journal of Political Economy*, Vol. 127, No. 5.
[41] Malueg, D. A., 1990: Collusive Behavior and Partial Ownership of Rivals, *International Journal of Industrial Organization*, Vol. 10, No. 1.
[42] Merlone, U., 2007: Shareholding Interlocks: Profit Formulations and Cartelizing Effects, *Journal of Interdisciplinary Mathematics*, Vol. 10, No. 1.
[43] Neus, W. and Stadler, M., 2018: Common Holdings and Strategic Manager Compensation: The Case of an Asymmetric Triopoly, *Managerial and Decision Economics*, Vol. 39, No. 7.

[44] Newham, M., Seldeslachts, J., and Banal-Estanol, A., 2018: Common Ownership and Market Entry: Evidence from Pharmaceutical Industry, *Working Paper*.

[45] O'Brien, D. P. and Waehrer, K., 2017: The Competitive Effects of Common Ownership: We Know Less than We Think, *SSRN Electronic Journal*.

[46] Parker, P. M. and Roller, L. H., 1997: Collusive Conduct in Duopoly Market Contract and Cross-Ownership in the Mobile Telephone Industry, *The RAND Journal of Economics*, Vol. 28, No. 2.

[47] Patel, M., 2018: Common Ownership, Institutional Investors, and Antitrust, *Social Science Electronic Publishing*.

[48] Patel, M., 2019: Common Ownership and Antitrust: Eight Critical Points to Guide Antitrust Policy, *Antitrust Chronicle*.

[49] Posner, E. A., Scott Morton, F. M., and Weyl, E. G., 2017: A Proposal to Limit the Anti-competitive Power of Institutional Investors, *Antitrust Law Journal*.

[50] Qin, C. Z., Zhang, S., and Zhu, D., 2017: A Model of Endogenous Cross-Holdings in Oligopoly, *Frontiers of Economics in China*, Vol. 12, No. 3.

[51] Reitman, D., 1994: Partial Ownership Arrangements and the Potential for Collusion, *The Journal of Industrial Economics*, Vol. 42, No. 3.

[52] Reynolds, R. J. and Snapp, B. R., 1986: The Competitive Effects of Partial Equity Interests and Joint Ventures, *International Journal of Industrial Organization*, Vol. 4, No. 2.

[53] Rock, E. B. and Rubinfeld, D. L., 2017: Antitrust for Institutional Investors, *NYU Law and Economics Research Paper*.

[54] Rock, E. B. and Rubinfeld, D. L., 2018: Common Ownership and Coordinated Effects, *NYU Law and Economics Research Paper*.

[55] Serbera, J. P. and Fry, J., 2019: Takeover Deterrents and Cross Partial Ownership: The Case of Golden Shares, *Managerial and Decision Economics*, Vol. 40, No. 3.

[56] Shekhar, S. and Wey, C., 2017: Uncertain Merger Synergies, Passive Partial Ownership, and Merger Control, *DICE Discussion Paper*.

[57] Shelegia, S. and Spiegel, Y., 2012: Bertrand Competition When Firms Hold Passive Ownership Stakes in One Another, *Economics Letters*, Vol. 114, No. 1.

[58] Trivieri, F., 2007: Does Cross-ownership Affect Competition?: Evidence From the Italian Banking Industry, *Journal of international financial markets institutions & money*, Vol. 17, No. 1.

[59] Walker, D. I., 2019: Common Ownership and Executive Incentives: The Implausibility of Compensation As an Anti-competitive Mechanism, *Boston University Law Review*.

[60] Yegen, E., 2019: Common-Ownership and Portfolio Rebalancing, *SSRN Working Paper*.

The Review and Prospect on the Influence of Partial Ownership among Competitive Enterprises on Competition and Antitrust Policy

Zuo Yu   Rongjia Zhang

Abstract: We study the relevant papers of the influence of partial ownership among competitive enterprises and antitrust policy, and each part is analyzed from the perspective of partial cross ownership and partial common ownership. As for the influence of partial ownership on competition, the scholars has studied mainly from the perspectives of the influence of competitive enterprises' profit correlation, competitive enterprises' collusion, price increases, consumer welfare, and market entry barriers. Specifically, for partial cross-ownership will damage competition, most scholars have more consistent views; for partial common ownership, there are two different views that damage competition and uncertainly affect competition. Regarding the antitrust policy on partial ownership, the scholars mainly studies from the perspectives of strengthening enforcement and not recommending enforcement. Specifically, for the antitrust policy of partial cross-ownership, most scholars believe that enforcement should be strengthened; for the antitrust policy of partial common ownership, there are two different points of view: strengthening enforcement and not recommending enforcement. We puts forward the research prospect based on the review.

Key Words: Partial Ownership   Partial Cross-ownership   Partial Common Ownership   Anti-competitive Effect   Antitrust Policy

JEL Classification: L41   L44

资本跨区流动对区域产业结构优化升级的影响
——基于 2003~2016 年的 275 个地级市面板数据的实证研究

许清清 李振宇 江 霞[*]

摘 要：本文基于 2003~2016 年的 275 个地级市的面板数据，采用空间滞后与空间误差模型，从产业结构高级化、高效化、合理化三个维度分析资本跨区流动对我国产业结构优化升级的作用。实证结果表明，就全国范围来看，资本流动性对我国产业结构优化升级具有显著的直接与间接作用；但就异质性的七大城市群而言，资本流入以及流动性对产业结构优化升级的直接与间接溢出效应的显著性不同。本文的研究结论对我国更好地发挥资本市场对产业结构优化升级的促进作用具有重要意义。

关键词：资本流动 产业结构 异质性 城市群 空间计量

一、引言及文献回顾

自 2008 年金融危机以来，我国 GDP 增速放缓，经济进入由高速发展向高质量发展转变的"新常态"时期，优化升级产业结构成为保证我国经济向高质量发展转变的关键。

资本这一生产要素对产业结构优化升级的影响，目前的研究多着眼于资本深化以及资本市场与产业结构的关系。一部分学者认为资本市场的发展有利于产业结构升级，资本市场与产业结构升级之间存在很强的相关性（Vilela et al.，2019）。于泽、徐沛东（2014）采用系统广义矩估计的方法证实了资本劳动比的增长能够显著地促进地区的产业结构转型；王定祥等（2017）论证了金融资本深化促进产业结构升级的内在机制，发现银行资本深化显著地促进了产业结构的高级化与合理化，而证券资本深化仅对产业结构高级化

---

[*] 本文受国家社会科学基金一般项目"智能制造驱动劳动关系转型的社会嵌入路径研究"（19BSH085）资助。
感谢匿名审稿人的修改意见。
许清清，青岛大学经济学院；地址：青岛市崂山区科大支路 62 号，邮编：266071；Email：ceci-xu@163.com。
李振宇，青岛大学经济学院；地址：青岛市崂山区科大支路 62 号，邮编：266071；Email：lhahai@163.com。
江霞，青岛大学经济学院；地址：青岛市崂山区科大支路 62 号，邮编：266071；Email：chuyanw@163.com。

具有显著的正向作用。还有一部分学者认为资本市场的发展不利于我国的产业结构升级,从整体上看,资本市场发展抑制了产业结构优化升级(苏勇、杨小玲,2010),并且在金融生态环境较差的地区,资本市场发展对产业结构升级的抑制作用更为显著。此外,曾克强、罗能生(2017)分析了社会资本对产业结构高级化和合理化的作用路径,发现社会资本对区域产业结构的高级化的作用有着 U 型的变化趋势,对产业结构合理化的作用有着倒 U 型的变化趋势。冯白、葛杨(2016)阐释了区域产业结构失衡的资源错配成因,发现仅在经济较为发达的地区技术性资本对于产业结构升级会起到促进作用;而投机性资本会在整体上对产业结构升级起到抑制作用。陆蓉等(2017)证实了资本市场的错误定价会影响产业结构的调整,资产价格高估会通过资本变动效应对产业结构的调整产生影响,而低估则不会产生显著的影响。

无论是从短期还是从长期来看,资本流动都是促进产业结构调整、激发经济增长活力的重要因素,并且资本流动性强弱与地区经济发展水平之间具有正相关关系(郭金龙、王宏伟,2003)。尽管国内区域间的资本流动由于政策一致性的原因相比国际资本流动更活跃一些(孙凯、苏剑,2016)。但是,资本在区域间的流动能力总体上还是比较弱的(徐冬林、陈永伟,2009)。王守坤(2014)基于 F – H 理论,研究发现 1994~2010 年,我国区域间的资本流动能力由于地区政策等原因被严重限制。此外,张晓莉、刘启仁(2012)以及 Lai et al. (2013) 基于 Campbell – Mankiw 永久收入模型验证了我国大部分省份的资本流动性较差并且存在较大的地区差异。东西部之间区域金融发展程度的差异造成了西部资本流向东部(孙红霞、张志超,2011),此外,区域制度环境的不同是造成区域间资本流动性差异的重要原因,通过减少政府干预、强调产权保护等措施能够显著促进区域间的资本流动(胡凯、吴清,2012)。区域政策是引导资本流动的重要动因,但是,随着时间的推进,市场对于资本流动的引导作用在逐步增强(蔡翼飞等,2017)。

目前对资本流动性与产业结构的关系的研究尚未成熟。一般认为,产业结构升级的过程,就是资本在垄断利润的驱使下不断流向创新产业,从而改变各部门比重的过程。资本流动是决定经济变动的内在动力,而技术创新是资本之间竞争的重要手段(陈英,2007)。行业间的资本流动通过淘汰落后产业、发展先进产业,从而优化产业结构,提高社会总产出。目前,由于行业垄断、地方保护以及二元所有制等因素的存在,使得资本流动在我国受到一定限制,导致我国的资本配置效率较低(张伯超等,2018)。区位优势的差异是导致资本在区域间流动的主要动力,其中区位优势优劣取决于于三个因素:区域间生产要素价格差异、投资环境、资本流出流入地的空间距离(陈明森,2003)。滕玉军(2006)认为资本在产业间的流动可以分为"客观流动"和"主观流动"两种类型,"客观流动"是指资本在利润的驱使下流向利润率最高的行业,"主观流动"是指资本受到政策因素引导的流动。其中"主观流动"在我国占相当大比重。蔡红艳、阎庆民(2004)认为,低成本行业内的资本流动受到政府非市场化的扶持政策的影响较大,资本的不合理流动不利于工业产业中高成长行业的发展。张营营、高煜(2019)研究发现用于研发的资本要素在区际间的流动对于地区制造业产业结构的高度化和合理化具有显著的促进作用。金柯宇(Keyu,2012)研究了资本的跨国流动对资本流入流出地区产业结构变化的作用,提出一种新的资本流动理论,其认为在资本的国际流动过程中,存在两种驱使资本流动的力量:一种力量会吸引资本流向劳动密集型产业,另一种力量会驱使资本流向资本密集度以及专业化分工程度更高的产业,从而阻碍资本流向更稀缺的地区。赵冉冉、沈春苗(2019)从参与资本流动的经济主体的角度,从四方面的资本流动考察了其对产业结构升级的作用,发现来自财政的资本、国外投资、一般社会投资以及银行间资本流动性的提高对于产业结构的升级具有不同程度的促进作用;但是其对四种形式的资本流动的测度方式并不能很好地体现"流动"性。

总结上述文献,目前学界对产业结构方面的研究有了比较全面的认识。不过,对资本与产业结构关系的研究多是局限于资本以及资本市场的变化与产业结构之间的关系,对资本的"流动性"对于产业结构优化升级的影响有所忽视,更没有区分资本的流入和流出的差异。基于此,本文尝试做出以下四点探索:第一,在研究视角方面,从资本的"流动性"角度考察资本跨区域流动对产业结构优化升级的作用机制;把资本流动性作为解释变量引入产业结构分析框架中,并对资本流入和流出做出区分;第二,在研究方法方面,考虑地理因素,采用了空间计量模型分析了资本流动性对产业结构的影响关系,并考察了资本流动的空间溢出效应;第三,在数据选取方面,考虑到异质性因素,选取了全国275个地级市的数据,并对异质性七大城市群进行分别回归,以使实证结果更加全面可靠。

二、理论假说

马克思认为资本是带来剩余价值的价值,资本的本质在于其逐利性。在市场经济条件下,资本能够自发地从低效率部门向高效率部门流动,从而保持产业结构的高效化。资本的流动使落后产业逐步被淘汰,为新兴产业提供更多的资金支持,从而不断促进产业结构高级化水平的提高。不同的地理区域,由于具有不同的经济条件,从而产生适应地方经济条件的差异化的产业结构。产业结构虽然就地区不同而有所差异,但资本的自由流动能够保证产业结构就地区的经济条件而言是合理的。因此,从理论的角度而言,市场经济下资本流动水平的提高有利于产业结构的优化升级。但是，经济研究不应该只在理想的假设条件下进行，关于资本流动对我国产业结构的影响问题，应当充分考虑我国经济条件约束，从而进行更符合现实的分析。

（一）资本流动对产业结构高级化的影响

产业结构升级的内在动力是生产技术水平的提高。资本的高效流动能够有效地支持产业技术开发融资，从而促进产业结构的高级化。资本流动性的提高离不开金融市场的作用，金融结构对于产业结构的升级有着显著的促进作用（Antzoulatos et al.，2011），金融聚集对产业结构升级具有明显的正向促进作用，并且空间溢出效应明显（张晓燕等，2015）。金融市场发达的国家更加倾向于投资于新兴产业，并减少对衰退产业的投资，从而促进产业结构升级（Wurgler，2001）。多层次的资本市场能够通过促进产业结构转型有效地带动中国经济结构转型（罗文波、安水平，2012），资本深化能够通过提高资本流动性影响城市劳动生产率进而促进产业结构升级（毛丰付、潘加顺，2012）。由此提出：

理论假说1：资本流动性的提高有利于我国的产业结构高级化。

（二）资本流动对产业结构高效化、合理化的影响

我国资本市场尚未成熟，处于转轨时期，对具有经济优势的企业没有起到有效识别和发展的作用，存在明显的扶持落后企业的行为（蔡红艳、阎庆民，2004）。由于我国存在资本市场扭曲现象，资本的流动是低效率的，很可能不能很好地促进产业结构高级化、合理化水平的提高。虽然金融发展和法律健全能够在整体上促进行业增长，但是，对于一个以银行为基础的金融体系，并不适合为严重依赖外资的行业提供融资（Beck and Levine，2002）。相比起劳动力流动，资本流动对于产业生产率的提高作用更加显著，但是对于"结构红利假说"并不支持，反而具有"结构负利"（干春晖、郑若谷，2009），我国产业生产率提高的主要原因还是内部增长效应，部门间的要素流动带来的增长效应并不显著（李小平、陈勇，2007）。

我国的资本市场就是以银行为基础，相比中小企业，银行更倾向于贷款给国有企业或者垄断性的大企业。不合理的资本流动向市场释放了错误的价格信号，对资本流动方向造成了误导，降低了资本的流动效率，对于产业结构的高效性和合理性的提高具有抑制作用（孙湘湘等，2018）。由于中国银行体系所隐含的政府担保、国有产权以及信贷方面的对象歧视，导致我国目前的金融体系难以将资本流动到高效率部门。由于国有银行的垄断地位以及国有产权的影响，国有银行往往容易成为政府寻租的工具，从而导致我国的金融体系资本配置效率低下（张璟、沈坤荣，2010）。由此提出：

理论假说 2：由于目前我国资本市场存在价格扭曲、结构不合理等现象，资本流动性的提高会抑制我国的产业结构高效化、合理化。

（三）基于地区异质性的资本流动对产业结构优化升级的影响

新经济地理学认为，地理位置相关的地区的经济数据往往会相互影响。也就是说，一个地区的经济活动会对邻近地区产生影响，表现出空间自相关的性质。我国地域辽阔，由于自然环境、文化传统等的影响，不同地区的经济运行有适合自己的产业结构布局。资本是一种既容易形成空间聚集，又能够在空间快速流动的生产要素。资本流动具有两种效应，一种是"资源配置效应"，它使得资本流向产业结构以资本密集型产业为主导的地区；另一种是"边际产出效应"，它使得资本流向资本劳动比率较低的地区，也就是劳动密集型产业为主导的地区（Keyu，2012）。据此推断，资本流动在我国地区间的分布，应会具有一定的区域差异以及空间聚集的特征。由此提出：

理论假设 3：资本流动性的提高对于不同地区产业结构的影响存在差异，但其有一定的规律性。

三、指标选取、数据来源以及模型

为了使模型的回归结果对于经济事实具有更强的解释力，因此本文对产业结构优化升级从高级化、高效化和合理化三个维度进行考察，并从全国城市数据中选取成渝、哈长、京津冀、长三角、长江中游城市群、中原以及珠三角城市群等异质性七大城市群数据，分别进行三个维度的回归分析。模型选取的被解释变量、解释变量以及控制变量如下：

（一）核心变量

1. 被解释变量

被解释变量是产业结构优化升级（INS），为了衡量产业结构的发展水平，从高级化、高效化、合理化三个维度对产业结构优化升级路径进行分析：

（1）产业结构高级化（AD）。产业结构的高级化是指产业以生产的高效益为标准，不断从低水平向高水平发展的过程，具体表现在产业重点、要素密集度以及产品形态等的以此转移。产业结构高级化指标参考付凌晖（2010）、许清清等（2019）的构建方法：分别将第一、第二以及第三产业的增加值占 GDP 的比重作为空间向量中的一个分量，从而构建一组三维空间向量 $X_0 = (X_{1,0}, X_{2,0}, X_{3,0})$。然后分别计算 X_0 与表示三次产业的向量 $X_1 = (1, 0, 0)$、$X_2 = (0, 1, 0)$、$X_3 = (0, 0, 1)$ 的夹角 $\theta_1, \theta_2, \theta_3$：

$$\theta_j = \arccos\left(\frac{\sum_{i=1}^{3}(x_{i,j} \cdot x_{i,0})}{(\sum_{i=1}^{3}(x_{i,j}^2)^{\frac{1}{2}} \cdot \sum_{i=1}^{3}(x_{i,0}^2)^{\frac{1}{2}})}\right) \quad (1)$$

其中，j = 1，2，3

其次定义产业结构高级化值 AD 的计算公式：

$$AD = \sum_{k=1}^{3}\sum_{j=1}^{k}\theta_j$$

其中，AD 即为测度产业结构高级化水平的指标，AD 越大，表明产业结构高级化的水平越高。

（2）产业结构高效化（EF）。产业结构的高效化是指产业中用于生产的各种要素的配置效率不断提高的过程。由于生产要素在产业间是可以流动的，因此通过优化资源配置，可以实现产能利用率的提升以及投入产出效率的提高。产业结构调整目的是为了产业的经济效益，也就是提高产业的高效化水平，而产业结构的高级化和合理化则可以看作是实现高效化的途径。产业结构高效化指标参考李斌、卢娟（2017）的构建方法，选取人均利税作为衡量指标：人均利税 = 地区年末利税总额/地区年末总人口。

（3）产业结构合理化（RA）。合理化和高级化是对产业结构评价的两个必要维度（干春晖等，2011）。产业结构合理化是产业结构高级化的基础，可以促进其结构效益的提高，进而推进产业结构高级化的发展。产业结构合理化，即在现有技术基础上所实现的产业之间的协调。对产业结构合理化的衡量，参考干春晖等（2011）的做法，选择泰尔指数作为产业结构合理化的测度指标。泰尔指数（TL）的构建如下：

$$TL = \sum_{i=1}^{n}\left(\frac{Y_i}{Y}\right)\ln\left(\frac{Y_i}{L_i}\bigg/\frac{Y}{L}\right) \quad (2)$$

其中，Y 表示产业总增加值，L 表示总就业人数，i 表示产业类型，n 表示产业部门数。如果每个产业劳动产出比等于总产业产出比，即 $\frac{Y_i}{L_i} = \frac{Y}{L}$，则 TL = 0，表示组间没有差异，产业结构合理性最强。泰尔指数越小，说明产业结构越合理；相反，指数越大则说明产业结构越不合理。由于产业结构合理化的水平与泰尔指数的变化方向相反，在本文中定义反向泰尔指数 TLop = 1 - TL，从而能够更直观地反映各变量对产业结构合理化水平的影响。

2. 解释变量

解释变量是资本流动性（资本流入/流出强度）（CI），对资本流动性的测度，目前的相关研究中多是对某地区若干年的资本流动性的平均衡量，缺乏对每一年资本流动性的衡量方式。因此，为了将资本流动性作为解释变量引入模型以度量其对产业结构优化升级的作用，在参考 F – H 理论以及国民收入核算理论的基础上建立如下对资本流动性的衡量指标：

$$CI = ((I_t - (S_{t-1} + S_t)/2)/GDP) \times 100 \qquad (3)$$

其中，I 表示投资，S 表示储蓄，t 为相应年份。在计量模型中，取固定资产投资作为投资的衡量方式，取上一年年末储蓄与本年年末储蓄的平均值作为一年的平均储蓄。由于资本的流动性包括流入、流出两个方面，因此，根据本文建立的衡量资本流动性的指标的定义，指标为正说明资本是流入该地区，为负表示资本流出该地区。并且，指标绝对值越大，表明资本流动性越强。

根据新古典理论，由于资本自由流动，因此局部的投资与储蓄应该是无关的。但是由于资本不是完全的自由流动，OECD 国家的储蓄与投资是高度相关的，这被称为"FH 之谜"。也就是说，资本流动性越强，储蓄与投资相关性越小。根据国民经济核算的理论，投资与储蓄的差衡量了一个地区的资本流入流出。并且一个地区的资本的流动性以及流入、流出水平是与一个地区的经济实力相关的，经济实力强的地区更倾向于具有高的资本流动性。因此，本文将投资与储蓄的差值用地区经济发展水平加权来间接地反映一个地区（本文为地级市）的资本的流动性以及流入、流出的情况。

由于本文测度资本流动性的指标既可以从正值的大小衡量资本流入强度的大小，又可以从负值的大小衡量资本流出强度的大小。因此，下文的实证分析将从资本流入强度与资本流出强度两个方面对地区的资本流动性进行分析。

（二）控制变量

在研究资本流动性对我国各地区产业结构优化升级的影响的过程中，除了要考虑解释变量资本流动性外，为了避免遗漏关键变量对模型回归结果产生偏误，还需要引入相应的控制变量。在参考李斌、卢娟（2017）、卢万青、纪祥裕（2017）等相关研究的基础上，我们选取以下变量作为控制变量：

（1）交通基础设施（TI），借鉴张治栋、李发莹（2019）的做法，选取地区平均道路面积衡量，即年末道路面积除以所在地区的行政面积。

（2）经济发展水平（ED），经济发展的好坏对产业结构的调整具有基础而深远的影响，采用所在地区的人均 GDP 来衡量。

（3）科技水平（ST），用地方政府科学事业支出占预算内支出的比例来衡量。

（4）人力资本水平（HC），关于该指标的计算，考虑到教育是人力资本形成的基础，本文采用张晓燕等（2015）对人力资本的测度方法，用居民平均受教育年限（H）和劳动力数量（L）的乘积除以地区年末总人口来衡量。按受教育程度将居民分为四大类：小学教育、初中教育、高中教育、大专及以上教育，并将各类受教育程度的平均受教育年限（代表人力资本数量）分别设定为 0 年、6 年、9 年、12 年和 16 年,从而得到测度地区人力资本水平的指标:HC = Pr×6 + Ju×9 + Se×12 + Co×16。

其中,Pr、Ju、Se 和 Co 表示小学、初中、高中和大专及以上教育程度居民与地区年末总人口的比值。

(5) 国外直接投资水平(FI),外资能够给对流入地区带来技术外溢,能够对当地产业结构产生影响。参考卢万青、纪祥裕(2017)对外资的处理办法,用外商直接投资占地区 GDP 的比重来衡量。

各变量符号、含义及其描述性统计如表 1 所示。

表 1　各变量符号、含义及其描述性统计

变量	符号	平均值	标准差	最小值	最大值
产业结构高级化	AD	6.353627	0.355448	5.431883	7.599926
产业结构高效化	EF	0.494517	0.801815	-0.241771	9.203209
产业结构合理化	RA	0.722407	0.213852	-0.7205037	0.999886
资本流入强度	CI	-0.039603	0.363602	-5.711389	1.230329
交通基础设施	TI	0.201699	0.470554	0.000954	6.307962
经济发展水平	ED	4.077041	4.077041	0.148869	50.63013
科技水平	ST	0.012863	0.012863	0.000265	0.206835
人力资本水平	HC	0.585936	0.585936	0.266728	7.447101
国外直接投资水平	FI	0.027209	0.027309	0.000000	0.886422

(三) 研究对象及数据来源

本文所用的数据来自国家统计局的《中国统计年鉴》以及各省份的统计年鉴。在数据的处理上,考虑到数据口径的一致性以及数据的完整性,没有包括港澳台地区的数据,并剔除了部分数据较少的地级市,因此仅保留了 275 个地级市从 2003～2016 年共 14 年的数据。对少量缺失数据的处理,采取了均值替换的缺失数据的插补方法,取相邻两年已有数据的平均值作为缺失数据的替换。数据的整理、处理以及计量工作主要通过 Stata.15、Matlabr2018b 以及 Excel2017 进行处理。

根据建设部《全国城镇体系规划纲要(2005—2020 年)》提出的三大都市连绵区和 13 个城镇群的划分以及中共中央、国务院发布的《中共中央、国务院关于建立更加有效的区域协调发展新机制的意见》,选取京津冀城市群、长三角城市群、珠三角城市群、长江中游城市群、成渝城市群、中原城市群以及哈长城市群等异质性的七大城市群,进行分别回归对比,以检验回归的可靠性,也使得实证结果更加可靠合理。

其中各城市群的区域范围主要参照《京津冀都市圈区域规划》《长江三角洲城市群发展规划（2015—2030）》《珠江三角洲地区改革发展规划纲要（2008—2020）》《长江中游城市群发展规划》《成渝城市群发展规划》《长江三角洲区域一体化发展规划纲要》《哈长城市群发展规划》等文件，具体城市群区域范围如表2所示。

表2　　　　　　　　　　　　　七大城市群范围

城市群	城市群范围
京津冀城市群	北京、天津、石家庄、唐山、秦皇岛、邯郸、邢台、保定、张家口、承德、沧州、廊坊、衡水、定州、辛集、安阳
长三角城市群	上海、南京、无锡、常州、苏州、南通、盐城、扬州、镇江、泰州、杭州、宁波、嘉兴、湖州、绍兴、金华、舟山、台州、合肥、芜湖、马鞍山、铜陵、安庆、滁州、池州、宣城
珠三角城市群	广州、深圳、佛山、东莞、惠州、中山、珠海、江门、肇庆、韶关、清远、云浮、汕尾、河源、阳江
长江中游城市群	武汉、黄石、宜昌、襄阳、鄂州、荆门、孝感、荆州、黄冈、咸宁、仙桃、潜江、天门、长沙、株洲、湘潭、衡阳、岳阳、常德、益阳、娄底、南昌、景德镇、萍乡、九江、新余、鹰潭、宜春、上饶及抚州、吉安的部分县（区）
成渝城市群	重庆、成都、自贡、泸州、德阳、绵阳、遂宁、内江、乐山、南充、眉山、宜宾、广安、达州、雅安、资阳
中原城市群	邯郸、邢台、长治、晋城、运城、蚌埠、淮北、阜阳、宿州、亳州、聊城、菏泽、郑州、开封、洛阳、平顶山、安阳、鹤壁、新乡、焦作、濮阳、许昌、漯河、三门峡、南阳、商丘、信阳、周口、驻马店、济源
哈长城市群	长春、吉林、四平、辽源、松原、延边、哈尔滨、齐齐哈尔、大庆、牡丹江、绥化

四、实证分析结果及解释

（一）模型的设定

1. 空间计量理论基础

（1）空间相关性检验。

建立空间计量模型，首先要考察样本数据在空间的相关性。以Moran'I指数作为度量空间相关性的指标，对全国以及七大城市群的产业结构高级化、高效化以及合理化的空间相关性进行检验。检验结果显示就全国而言，产业结构高级化的Moran'I指数全部为正，呈现缓慢上升并在逐步稳定的趋势；产业结构高效化的 Moran'I 指数全部为正，呈现先上升后下降的趋势；产业结构合理化的 Moran'I 指数全部为正，呈现先是保持平稳后有所下降的趋势。分区域来看，七大城市群的产业结构高级化、高效化、合理化的 Moran'I 指数各有正负，其变化趋势与全国基本一致。由以上的检验结果可知，我国城市间的产业结构高级化、高效化以及合理化在样本期间内存在显著的空间相关性。其中，产业结构高级化以及高效化的空间相关性在样本期间内基本呈现上升的趋势，产业结构合理化表现出略有下降的趋势。在全域的 Moran'I 指数的基础上绘制出样本期间内全国的产业结构高级化、高效化以及合理化的 Moran 散点图，并由此可知，在全国地级市范围内，高—高聚集区（High – High 型）与低—低聚集区（Low – Low 型）表现得比较明显，高—低聚集区（High – Low 型）与低—高聚集区（Low – High 型）表现得不明显。由此可以看出，在全国地级市范围内，产业结构高级化、高效化与合理化存在明显的空间集聚特征。表 3 是全国的产业结构高级化、高效化、合理化的 Moran'I 指数值及显著性。

表 3　全国的产业结构高级化、高效化、合理化的 Moran'I 指数值及显著性

年份	高级化	高效化	合理化
2003	0.243764 ***	0.150293 ***	0.328982 ***
2004	0.276085 ***	0.151510 ***	0.427472 ***
2005	0.277584 ***	0.092137 ***	0.348467 ***
2006	0.286103 ***	0.190284 ***	0.389253 ***
2007	0.305218 ***	0.180687 ***	0.384317 ***
2008	0.320170 ***	0.153606 ***	0.342505 ***
2009	0.334201 ***	0.282704 ***	0.329723 ***
2010	0.327590 ***	0.318574 ***	0.358761 ***
2011	0.350097 ***	0.288637 ***	0.334052 ***
2012	0.354420 ***	0.245985 ***	0.353895 ***
2013	0.352833 ***	0.268243 ***	0.244004 ***
2014	0.347989 ***	0.231707 ***	0.259836 ***
2015	0.343207 ***	0.033788 ***	0.252610 ***
2016	0.339981 ***	0.384935 ***	0.254820 ***

注：*、**、*** 分别表示 10%、5%、1% 的显著性水平。

（2）空间权重矩阵。

空间权重矩阵是对空间的一个抽象，是反映空间效应的主要工具。考虑到数据的性质，以及区域间产业结构相互影响的特点，本文选取二进制邻接权重矩阵，权重矩阵的构建形式如下：

$$w_{ij} = \begin{cases} 1, & bound(i) \cap bound(j) \neq \varnothing \\ 0, & bound(i) \cap bound(j) = \varnothing \end{cases} \quad (4)$$

其中，bound( )表示空间单元的边界。一般来说，空间单元的相邻有三种类型，分别为Rock邻接、Bishop邻接、Queen邻接。Rock邻接指两个空间单元具有公共边，Bishop邻接指两个空间单元具有公共顶点，Queen邻接是Rock邻接与Bishop邻接的合并，指两个空间单元具有公共边或公共顶点（Elhorst，2009）。在参考相关论文的基础上，认为Queen式二进制邻接权重矩阵适用性以及认可度最好，更适合本方向研究，因此选择使用Queen式二进制邻接权重矩阵。

2. 空间计量模型的选择与构建

（1）模型的选择。

空间滞后模型（SLM）主要考察被解释变量的空间溢出效应的存在；空间误差模型（SEM）则主要用于分析模型中的随机误差项的空间溢出性。对空间计量模型的选择，其判断标准可简述如下：首先要对LM-lag与LM-error这两个统计量的显著性进行判定，如果都不显著，则应采用普通面板回归；如果LM-lag显著，则应采用空间滞后模型；如果LM-error显著，则应采用空间误差模型。在这两个统计量都显著的情况下，则应比较稳健的LM-lag(R_LM-lag)与稳健的LM-error(R_LM-error)统计量的显著性（Lesage and Pace，2009）。对每种模型的固定效应（FE）与随机效应（RE）的选择，则根据豪斯曼（Hausman）检验的结果进行判定，当豪斯曼检验显著时采用固定效应，反之采用随机效应。

空间滞后模型形式：

$$y = \rho W y + X\beta + \varepsilon \quad (5)$$

空间误差模型形式：

$$y = X\beta + \varepsilon \quad (6)$$
$$\varepsilon = \lambda W \upsilon + \mu$$

在以上各式中，y为$n \times 1$的被解释变量矩阵，也就是在本研究中的产业结构高级化、高效化、合理化三个指标；ρ是空间回归系数，表明空间依赖性；W是空间权重矩阵，Wy是空间滞后的被解释变量；X是$n \times k$的解释变量与控制变量的矩阵形式；ε为随机误差项向量。

表4显示了全国275个地级市数据的空间相关性检验的结果，包括LM-lag、R_LM-lag、LM-error、R_LM-error检验以及固定效应的面板模型Hausman检验结果。

表 4　　　　　　　　　　　　全国数据的空间相关性检验

检验方法	高级化 统计量	高级化 P 值	高效化 统计量	高效化 P 值	合理化 统计量	合理化 P 值
LM-lag	1987.7212***	0.000	213.2596***	0.000	118.0458***	0.000
R_LM-lag	706.9123***	0.000	5.1732**	0.023	6.2412**	0.012
LM-error	1317.4871***	0.000	273.8148***	0.000	114.8639***	0.000
R_LM-error	36.6782***	0.000	65.7284***	0.000	3.0593*	0.080
Hausman	-69.9915***	0.000	-82.0330***	0.000	-75.0582	0.000

注：*、**、*** 分别表示10%、5%、1%的显著性水平。

（2）模型的构建。

空间面板回归模型是在普通面板回归模型的基础上考虑空间相关性建立起来的，要建立的普通面板回归模型的形式应是：

$$INS_{i,t} = \beta_0 + \beta_1 CI_{i,t} + \beta_2 TI_{i,t} + \beta_3 ED_{i,t} + \beta_4 ST_{i,t} + \beta_5 HC_{i,t} + \beta_6 FI_{i,t} + \varepsilon_{i,t} \quad (7)$$

其中，$INS_{i,t}$ 代表产业结构优化升级，包括产业结构高级化（AD）、高效化（EF）、合理化（RA）三个维度的指标；$\varepsilon_{i,t}$ 表示随机误差项。

空间滞后模型形式为：

$$INS_{i,t} = \beta_0 + \beta_1 CI_{i,t} + \beta_2 TI_{i,t} + \beta_3 ED_{i,t} + \beta_4 ST_{i,t} + \beta_5 HC_{i,t} + \beta_6 FI_{i,t} + \rho \sum w_{i,t} INS_{i,t} + \varepsilon_{i,t} \quad (8)$$

其中，$w_{i,t}$ 为空间权重矩阵，$\sum w_{i,t} INS_{i,t}$ 为空间滞后被解释变量，ρ 为空间自回归系数。

空间误差模型形式为：

$$INS_{i,t} = \beta_0 + \beta_1 CI_{i,t} + \beta_2 TI_{i,t} + \beta_3 ED_{i,t} + \beta_4 ST_{i,t} + \beta_5 HC_{i,t} + \beta_6 FI_{i,t} + \lambda \sum w_{i,t} \upsilon_{i,t} + \mu_{i,t} \quad (9)$$

其中，λ 为空间自相关系数，$\sum w_{i,t} \upsilon_{i,t}$ 为空间滞后项。

（二）实证结果与分析

1. 全国范围内产业结构优化升级的分析

由上文的检验结果（表4）可知，对全国数据，根据 Hausman 检验的结果，首先建立固定效应的普通面板模型（不考虑空间因素）。此外，由于 LM 检验的结果说明，产业结构高级化、高效化以及合理化都存在显著的空间相关性，因此考虑到空间因素，根据空间相关性的来源不同，需要分别建立空间滞后模型与空间误差模型进行分析。

表5显示了全国数据的回归结果，其中模型一是固定效应的普通面板模型，模型二是空间滞后模型，模型三是空间误差模型。在三种模型下分别对

全国的产业结构优化升级的高级化、高效化以及合理化三个维度进行分析。

表5　　　　　　　　　　　　全国数据的回归结果

		模型一	模型二	模型三
高级化	Cons	6.3950*** (0.0000)		
	CI	0.0490*** (0.0000)	0.0161*** (0.0033)	0.0081 (0.2194)
	TI	-0.0180 (0.2260)	-0.0218* (0.0536)	-0.0183* (0.0973)
	ED	0.0270*** (0.0000)	0.0070*** (0.0000)	-0.0017 (0.1669)
	ST	0.8810*** (0.0000)	0.3542** (0.0296)	0.4437** (0.0171)
	HC	-0.0790*** (0.0000)	-0.0218*** (0.0000)	0.0004 (0.9444)
	FI	-0.2000** (0.0290)	-0.2452*** (0.0004)	-0.2649*** (0.0004)
	ρ		0.7130*** (0.000)	
	λ			0.8099*** (0.0000)
	固定	是	是	是
	R^2	0.3530	0.9530	0.8731
高效化	Cons	-0.0470 (0.2180)		
	CI	-0.0810*** (0.0000)	-0.0881*** (0.000)	-0.0604** (0.0121)
	TI	-0.1900*** (0.0000)	-0.1692*** (0.0002)	-0.1669*** (0.0002)
	ED	0.161000*** (0.0000)	0.1347*** (0.0000)	0.1609*** (0.0000)
	ST	2.3270*** (0.0010)	1.0065 (0.1242)	1.0270 (0.1435)

续表

		模型一	模型二	模型三
高效化	HC	−0.0180 (0.3890)	0.0131 (0.5127)	−0.0444 ** (0.0316)
	FI	0.642000 ** (0.0250)	0.7194 *** (0.0096)	0.8465 *** (0.0034)
	ρ		0.2580 *** (0.0000)	
	λ			0.3329 *** (0.0000)
	固定	是	是	是
	R^2	0.5290	0.8513	0.8419
合理化	Cons	0.7210 *** (0.0000)		
	CI	−0.010000 (0.1180)	−0.0037 (0.5848)	−0.0033 (0.6063)
	TI	−0.0340 *** (0.0060)	−0.0353 *** (0.0043)	−0.0367 *** (0.0033)
	ED	−0.0010 (0.3380)	−0.0002 (0.3724)	−0.0002 (0.8318)
	ST	−0.1560 (0.3860)	−0.1585 (0.3724)	−0.1975 (0.2962)
	HC	0.0090 (0.1090)	0.0093 * (0.0855)	0.0105 * (0.0607)
	FI	−0.1170 (0.1290)	−0.0810 (0.2851)	−0.0681 (0.3860)
	ρ		0.2399 *** (0.0000)	
	λ			0.2339 *** (0.0000)
	固定	是	是	是
	R^2	0.0090	0.8444	0.8387

注：表中括号中为t检验值，*、**、*** 分别表示10%、5%、1%的显著性水平。

由表5可知，从空间自相关系数ρ和λ来看，产业结构高级化、高效化以及合理化回归的ρ和λ值都在1%的置信水平下显著，并且都为正，其中产业结构高级化的空间自相关系数最高。这说明，对产业结构高级化、高效化以及合理化的回归具有显著的正向空间溢出效应。也就是说，由于相邻地区的地理环境相似，本地区影响产业结构优化升级的各因素能够通过空间溢出效应对相邻地区产生影响，因而影响相邻地区产业结构优化升级的进程。

对资本流动性（CI）而言，资本的流入强度在三个模型中对产业结构高级化的影响都是正的，并且在固定效应的普通面板模型以及空间滞后模型中在1%的显著性水平下成立。这说明，资本流入及其流动性的提高能够通过提高资本的利用率有效地促进全国的产业结构高级化水平的提高。其对产业结构高效化的影响在三个模型中都是负的，并且显著，由于资本流出强度就是负的资本流入强度，因此说明，资本流出及其流动性的提高更有利于产业结构高效化水平的提升；资本的流入对产业结构合理化的作用也是负的，但是不显著。

由于短期内市场的信息不完全性以及人们投资具有盲目性，各地区、各行业的资本配置总不会是最优的，资本的错配在一定程度上一直存在。此外，我国目前正处于由高速发展向高质量发展的新常态时期，过分强调GDP以及过度依赖出口的经济发展方式所形成的不合理的产业结构已经成为阻碍我国经济健康发展的瓶颈。因此，资本流动性的提高能够有效提高资本的利用效率、优化产业结构，却难以保证高级化、高效化与合理化水平的全面提高。经济转型存在"创造性的破坏"，在落后产业逐步淘汰，先进产业发芽生长的过程中，必然伴随着一定的经济效率的损失，存在一定的经济不合理性。但是，注重产业结构的高级化以及合理化水平的发展将具有长远的意义。

对比模型一~模型三，可以发现三种模型的回归参数估计结果的大小相似且正负性基本一致，因此模型的估计结果是稳健的。由于模型二考虑了产业结构优化升级的空间滞后效应，而且对产业结构优化升级三个维度的LM检验，空间滞后模型优于空间误差模型，所以后文的分析将主要依据空间滞后模型进行。

控制变量中，交通基础设施（TI）对产业结构高级化作用为正；对产业结构高效化和合理化在1%的显著性水平下作用为负。经济发展水平（ED）对产业结构高级化与产业结构高效化在1%的显著性水平下作用为正；对产业结构合理化的作用为负，但不显著。说明经济发展水平仍然对地区产业结构优化升级起到基础性的作用。科技水平（ST）对产业结构高级化在5%的显著性水平下作用为正。人力资本水平（HC）对产业结构高效化在5%的显著性水平下作用为负。国外投资水平（FI）对产业结构高级化在1%的显著性水平下作用为负；对产业结构高效化在1%的显著性水平下作用为正。

2. 全国范围内产业结构优化升级的空间溢出效应分解

资本流动促进一个地区产业结构的优化升级后,能够使相邻地区的产业结构进步,相邻地区的产业结构进步后又会再对该地区的产业结构产生积极作用,由此产生了空间溢出效应。因为在全国范围内产业结构高级化、高效化以及合理化的空间自相关系数在1%的置信水平下显著为正,说明存在空间溢出效应。因此,需要在对变量的回归系数分析的基础上转向空间效应的分解。通过空间回归模型偏微分的方法,可以将产业结构优化升级的空间溢出效应分解为直接效应、间接效应和总效应。根据空间滞后模型对解释变量以及控制变量的空间效应的分解,直接效应反映的是本地相关变量对产业结构优化升级的影响,间接效应反映的是邻近地区的相关变量对本地的产业结构优化升级的影响。表6显示了全国范围内资本流入强度以及控制变量的空间效应的分解。

表6　全国范围产业结构优化升级的空间溢出效应

		直接效应	间接效应	总效应
高级化	CI	0.0189 *** (0.0041)	0.0383 *** (0.0045)	0.0572 *** (0.0042)
	TI	－0.0248 * (0.0585)	－0.0503 * (0.0606)	－0.0751 * (0.0595)
	ED	0.0080 *** (0.0000)	0.0162 *** (0.0000)	0.0242 *** (0.0000)
	ST	0.4132 ** (0.0255)	0.8359 ** (0.0258)	1.2490 ** (0.0253)
	HC	－0.0249 *** (0.0000)	－0.0504 *** (0.0000)	－0.0754 *** (0.0000)
	FI	－0.2810 *** (0.0006)	－0.5695 *** (0.0008)	－0.8505 *** (0.0007)
高效化	CI	－0.0881 *** (0.0001)	－0.0292 *** (0.0004)	－0.1174 *** (0.0001)
	TI	－0.1679 *** (0.0003)	－0.0555 *** (0.0006)	－0.2235 *** (0.0003)
	ED	0.1364 *** (0.0000)	0.0451 *** (0.0000)	0.1814 *** (0.0000)
	ST	1.0352 (0.1288)	0.3408 (0.1301)	1.3760 (0.1280)

续表

		直接效应	间接效应	总效应
高效化	HC	0.0141 (0.4817)	0.0047 (0.4834)	0.0189 (0.4814)
	FI	0.7190** (0.0141)	0.2379** (0.0171)	0.9569** (0.0142)
合理化	CI	−0.0034 (0.5759)	−0.0010 (0.5892)	−0.0044 (0.5782)
	TI	−0.0360*** (0.0047)	−0.0108*** (0.0078)	−0.0469*** (0.0047)
	ED	−0.0003 (0.7823)	−0.0001 (0.7829)	−0.0003 (0.7821)
	ST	−0.1655 (0.3492)	−0.0495 (0.3566)	−0.2150 (0.3495)
	HC	0.0094* (0.0917)	0.002839 (0.1037)	0.0123* (0.0923)
	FI	−0.0797 (0.3229)	−0.0241 (0.3325)	−0.1038 (0.3237)

注：表中括号中为 t 检验值，*、**、*** 分别表示10%、5%、1%的显著性水平。

由表6可知，对资本流动性（CI）而言，资本的流入强度对产业结构高级化的直接效应、间接效应以及总效应在1%的显著性水平下都是正的，这说明了一个地区的资本流入的增加以及流动性的提高不仅会提升该地区的产业结构高级化水平，而且也能够对周围地区的产业产生积极影响；由间接效应大于直接效应可知，资本流入强度对促进产业结构高级化水平的空间溢出效应比较大，本地区的资本流入强度的提高对邻近地区的产业结构高级化的影响要大于对本地区的影响。由此可以验证理论假说1。

资本流入强度对产业结构高效化以及合理化的直接效应、间接效应以及总效应都是负的；其中对于产业结构高效化的影响显著，对于产业结构合理化的影响不显著。这说明了就目前中国资本市场的现状而言，资本市场扭曲现象的存在，导致其对于资本在产业间的配置是低效的，不利于产业生产的高效率和产业结构的合理化。由此可以验证理论假说2。

但是间接效应的影响效果要小于直接效应；由于资本流出强度是负的资本流入强度，所以可以认为资本流出强度对产业结构高效化、合理化的直接效应、间接效应以及总效应都是正的，这说明资本的流出有利于淘汰落后产业、发展先进产业。

此外,资本流动性(CI)对产业结构高级化、高效化以及合理化的直接效应并不与其在空间滞后模型中的估计系数相同(对比表5"模型二"与表6"直接效应"),资本流动性的直接效应与其估计系数的差值反映了地区间的空间反馈效应。空间反馈效应说明的是本地区资本流动性的变化通过影响邻近地区进而又对本地区的产业结构优化升级产生影响。对产业结构高级化而言,资本流入强度的提高对其影响的直接效应是0.018898,估计系数为0.016116,空间反馈效应为0.002782(大约为直接效应的14.72%);对产业结构高效化而言,资本流入强度对其影响的直接效应是-0.088130,估计系数为-0.088066,空间反馈效应为-0.000064,产业结构高效化的空间反馈效应较小;对产业结构合理化而言,资本流入强度对其影响的直接效应是-0.003418,估计系数为-0.003714,空间反馈效应为0.000296(大约为直接效应的-8.66%)。

3. 七大城市群产业结构优化升级的分析

下面是七大城市群的产业结构高级化、高效化与合理化三个维度的固定效应的普通面板回归、空间滞后回归以及空间误差回归结果。由于我国国土范围广阔,因此地区的异质性是进行空间计量分析必须要考虑的因素。所以,分别对七大城市群的数据采取了固定效应的普通面板、空间滞后模型以及空间误差模型进行回归。三种模型的回归系数的大小相似且正负性基本一致,限于文章篇幅,只列出空间滞后模型的回归结果并分析(见表7)。

表7　　　　　　　　　　　空间滞后模型回归结果

		成渝	哈长	京津冀	长江中游	长三角	中原	珠三角
高级化	Cons		3.3621***		2.7859***		1.4435***	2.5198***
			(0.0000)		(0.0000)		(0.0000)	(0.0000)
	CI	0.0546***	-0.0277	0.0071	0.1357***	-0.0069	-0.1597***	0.0646*
		(0.0062)	(0.2100)	(0.8602)	(0.0000)	(0.6057)	(0.0000)	(0.0947)
	TI	0.0815*	-0.1552	-0.0412	0.0143	-0.0001	-0.1701	-0.0007
		(0.0556)	(0.6238)	(0.6795)	(0.8084)	(0.9946)	(0.1717)	(0.9674)
	ED	0.0316***	0.0332***	0.0197***	0.0008	0.0086***	0.0469***	0.0016
		(0.0000)	(0.0000)	(0.0001)	(0.7726)	(0.0000)	(0.0000)	(0.4384)
	ST	-2.4232**	-0.5746	0.8149	0.1812	-0.2389	2.0458**	0.3818
		(0.0146)	(0.8183)	(0.4553)	(0.6699)	(0.3737)	(0.0270)	(0.2631)
	HC	-0.0542**	0.2526***	-0.1212***	0.0229	-0.0246	-0.0016	-0.0374***
		(0.0125)	(0.0000)	(0.0002)	(0.1574)	(0.1354)	(0.1195)	(0.0084)

续表

		成渝	哈长	京津冀	长江中游	长三角	中原	珠三角
高级化	FI	-0.0802 (0.8672)	3.1412** (0.0086)	-1.4352 (0.1701)	1.4805*** (0.0039)	0.0759 (0.4580)	-0.7668 (0.1278)	-1.0098*** (0.0002)
	ρ	0.5280*** (0.0000)	0.3790*** (0.0000)	0.3340*** (0.0000)	0.5420*** (0.0000)	0.7499*** (0.0000)	0.7550*** (0.0000)	0.6300*** (0.0000)
	固定	是		是		是		
	随机		是		是		是	是
	R²	0.9717	0.8937	0.9584	0.9228	0.9636	0.9283	0.9650
高效化	Cons						-0.1817*** (0.0000)	0.0334 (0.8854)
	CI	0.0954*** (0.0011)	0.1245 (0.2282)	0.2074* (0.0615)	0.1868*** (0.0006)	-0.3181*** (0.0000)	-0.2777*** (0.0000)	-0.2113 (0.3867)
	TI	0.0425 (0.4760)	1.7519 (0.2418)	1.3622* (0.0000)	-0.1093 (0.3578)	0.0133 (0.8380)	-0.1460 (0.4210)	-0.1124 (0.2446)
	ED	0.0819*** (0.0000)	0.0682 (0.0366)	0.1077*** (0.0000)	0.0569*** (0.0000)	0.0703*** (0.0000)	0.2169*** (0.0000)	0.1482*** (0.0000)
	ST	1.5201 (0.2734)	9.4096** (0.4224)	2.9334*** (0.3224)	2.9772*** (0.0005)	3.0811*** (0.0043)	3.1134** (0.0468)	2.3409 (0.3338)
	HC	0.0667** (0.0281)	0.3114 (0.2551)	0.1586* (0.0654)	0.1421*** (0.0000)	-0.0502 (0.4480)	0.0013 (0.4651)	-0.0497 (0.5936)
	FI	1.1559* (0.0849)	-9.1790 (0.1077)	-6.3112** (0.0270)	-0.0996 (0.9239)	-1.2483*** (0.0018)	-0.1650 (0.8447)	-1.0056 (0.5825)
	ρ	0.3399*** (0.0000)	-0.0067 (0.6727)	-0.0420 (0.5735)	0.4499*** (0.0000)	0.5280*** (0.0000)	0.2480*** (0.0000)	0.0730 (0.2945)
	固定	是	是	是	是	是		
	随机						是	是
	R²	0.8835	0.8315	0.8805	0.8408	0.9192	0.867	0.8886
合理化	Cons	0.2780*** (0.0005)	0.3487** (0.0012)	0.7310*** (0.0000)	0.4974*** (0.0000)		0.2027*** (0.0000)	0.8631*** (0.0000)
	CI	-0.0923*** (0.0067)	-0.0084 (0.5221)	-0.1303*** (0.0003)	-0.1176*** (0.0000)	0.0457*** (0.0031)	-0.2078*** (0.0000)	0.2499*** (0.0000)
	TI	0.2016*** (0.0059)	-0.1582 (0.3995)	0.0833 (0.3552)	-0.1203* (0.0776)	-0.0199 (0.2998)	-0.0778 (0.6190)	-0.0352** (0.0295)

续表

		成渝	哈长	京津冀	长江中游	长三角	中原	珠三角
合理化	ED	0.0062 (0.4426)	0.0112 *** (0.0058)	0.0003 (0.9521)	0.0188 *** (0.0000)	0.0002 (0.9175)	0.0474 *** (0.0000)	-0.0033 * (0.0928)
	ST	-1.3979 (0.4170)	1.1251 (0.4471)	1.2157 (0.2219)	-0.7050 (0.1649)	-0.4400 (0.1570)	1.5292 (0.2186)	0.2788 (0.3897)
	HC	0.0487 (0.1650)	0.1310 *** (0.0001)	-0.0684 *** (0.0169)	0.0784 *** (0.0000)	0.0339 * (0.0699)	-0.0003 (0.8339)	-0.0151 (0.2632)
	FI	1.7959 ** (0.0295)	0.7719 (0.2781)	-1.2680 (0.1752)	2.2434 *** (0.0001)	0.2365 ** (0.0451)	-1.3946 ** (0.0380)	-0.2398 (0.3318)
	ρ	0.2160 ** (0.0148)	0.2960 *** (0.0028)	0.0759 (0.4696)	0.0440 (0.5601)	0.2590 *** (0.0004)	0.4860 *** (0.0000)	0.0599 (0.5238)
	固定				是			
	随机	是	是	是	是		是	是
	R^2	0.8228	0.8423	0.8600	0.7823	0.7175	0.8345	0.9004

注：表中括号中为 t 检验值，*、**、*** 分别表示 10%、5%、1% 的显著性水平。

由空间滞后模型对七大城市群的回归结果可知：就资本流动性（CI）进行分析，对产业结构高级化而言，资本流入强度的提高对成渝、京津冀、长江中游、珠三角城市群的影响作用为正，对哈长、长三角以及中原城市群的影响作用为负；对产业结构高效化而言，资本流入强度的提高对成渝、哈长、京津冀、长江中游城市群的影响作用为正，对长三角、中原、珠三角城市群的影响作用为负；对产业结构合理化而言，资本流入强度的提高对成渝、哈长、京津冀、长江中游以及中原城市群的影响作用是负的，对长三角以及珠三角城市群的影响作用是正的。由此可以看出，资本流动性对于成渝、京津冀和长江中游城市群产业结构的影响方向一致；对于长三角和珠三角城市群产业结构的影响类型和方向比较近似；对于中原和哈长城市群产业结构的影响类型和方向比较近似。其原因可能在于地理因素以及经济发展方式的相似性，比如长三角和珠三角城市群位处沿海地区，经济发展较好；中原城市群位于中部地区，而哈长城市群位于东北地区，都是以第一、第二产业为主导；成渝、京津冀、长江中游城市群处于蓬勃发展阶段。当然，影响地区发展的因素很多，要有更细致的发现，需要更多的研究。由此可以验证理论假说 4。

对不同的经济地区而言，由于地理、经济、文化条件的差异，资本的流入流出以及流动性的变化对产业结构优化升级的作用是不同的。资本流入强度的提高更有利于成渝、京津冀以及长江中游城市群的产业结构优化升级的发展，对长三角珠三角以及哈长城市群也有明显的促进作用，对中原城市群产业结构优化升级具有一定抑制作用。

4. 七大城市群产业结构优化升级的空间溢出效应分解

表 8 是基于空间滞后模型得到的资本流入强度对七大城市群的产业结构优化升级的直接效应、间接效应以及总效应的分解。

表 8　七大城市群资本流入强度的直接效应、间接效应以及总效应分解

	城市群	直接效应	间接效应	总效应
高级化	成渝	0.0600 ** (0.0116)	0.0575 ** (0.0225)	0.1175 ** (0.0131)
	哈长	−0.0293 (0.23354)	−0.0168 (0.2864)	−0.0461 (0.2418)
	京津冀	0.0070 (0.8657)	0.0025 (0.9052)	0.0095 (0.8775)
	长江中游	0.1475 *** (0.0000)	0.1518 *** (0.0001)	0.2993 *** (0.0000)
	长三角	−0.0086 (0.6020)	−0.0202 (0.6123)	−0.0288 (0.6079)
	中原	−0.1992 *** (0.0000)	−0.4686 *** (0.0009)	−0.6678 *** (0.0003)
	珠三角	0.0713 (0.1214)	0.0966 (0.1411)	0.1679 (0.1269)
高效化	成渝	0.0977 *** (0.0027)	0.0454 *** (0.0077)	0.1431 *** (0.0021)
	哈长	0.1288 (0.2419)	−0.0001 (0.9955)	0.1287 (0.2479)
	京津冀	0.2070 * (0.0900)	−0.0091 (0.6199)	0.1979 * (0.0881)
	长江中游	0.1944 *** (0.0022)	0.1416 *** (0.0009)	0.3360 *** (0.0009)
	长三角	−0.3422 *** (0.0000)	−0.3335 *** (0.0000)	−0.6756 *** (0.0000)
	中原	−0.2817 *** (0.0000)	−0.0898 *** (0.0086)	−0.3715 *** (0.0000)
	珠三角	−0.2132 (0.3980)	−0.0236 (0.5332)	−0.2368 (0.3972)

续表

	城市群	直接效应	间接效应	总效应
合理化	成渝	-0.0927** (0.0155)	-0.0251 (0.1306)	-0.1177** (0.0184)
	哈长	-0.0083 (0.5512)	-0.0034 (0.6059)	-0.0116 (0.5591)
	京津冀	-0.1325*** (0.0034)	-0.0119 (0.5181)	-0.1444*** (0.0056)
	长江中游	-0.1197*** (0.0003)	-0.0056 (0.5843)	-0.1253*** (0.0003)
	长三角	0.0467*** (0.0077)	0.0157* (0.0731)	0.0624** (0.0104)
	中原	-0.2197*** (0.0000)	-0.1860*** (0.0019)	-0.4057*** (0.0001)
	珠三角	0.2488*** (0.0000)	0.0171 (0.5367)	0.2660*** (0.0000)

注：表中括号中为 t 检验值，*、**、*** 分别表示 10%、5%、1% 的显著性水平。

由表 8 可知，就资本流动性（CI）进行分析，对产业结构高级化而言，资本流入强度的提高对成渝、京津冀、长江中游以及珠三角的直接效应、间接效应以及总效应都为正；对哈长、长三角以及中原城市群的直接效应、间接效应以及总效应都为负。这说明对成渝、京津冀、长江中游以及珠三角城市群而言，资本的流入更有利于本地区以及邻近地区的产业结构的升级；由于资本流出强度是负的资本流入强度，所以资本的流出更有利于哈长、长三角以及中原城市群的产业结构的升级。

对产业结构高效化而言，资本流入强度的提高对成渝以及长江中游城市群的直接效应、间接效应以及总效应都为正，这说明资本流入强度的提高能够有效地促进成渝以及长江中游城市群内地区以及邻近地区的产业高效化的发展；对哈长、京津冀城市群的直接效应以及总效应为正，但是间接效应为负，这说明对这些城市群而言，资本流入及其流动性的提高有利于提高本地区的产业结构高效化水平，却不利于邻近地区的产业盈利水平的提升；对长三角、中原、珠三角城市群而言，资本流入强度的直接效应、间接效应以及总效应都为负，也就是说，对这些地区，资本的流入不利于本地区以及邻近地区的产业结构高效化水平的提高；相反，由于资本流出强度是负的资本流入强度，所以说资本的流出更有利于提升本地区以及邻近地区的产业盈利水平。

对产业结构合理化而言，资本流入强度的提高对成渝、哈长、京津冀、长江中游以及中原城市群的直接效应、间接效应以及总效应都为负。这说明，对这些城市群而言，资本流入强度的提高不利于本地区以及周围地区的产业结构的合理性；相反，由于资本流出强度是负的资本流入强度，所以说资本的流出更有利于提升本地区以及邻近地区的产业结构的合理性。资本流入强度对长三角以及珠三角城市群的直接效应、间接效应以及总效应都为正，也就是说，资本流入强度的提高有利于它们产业结构合理化水平的提升。

对其他控制变量对产业结构优化升级的直接效应、间接效应与总效应，限于文章篇幅，并未附上。

五、结论与政策建议

在2003~2016年的275个地级市的面板数据的基础上，通过建立固定效应的普通面板回归模型、空间滞后模型以及空间误差模型，对资本流入强度对我国产业结构优化升级的影响路径从高级化、高效化以及合理化三个维度做了分析，并且在考虑我国地区间地理、经济、人文差异的基础上，分别对成渝、哈长、京津冀、长江中游、长三角、中原以及珠三角城市群进行单独的回归分析并对回归结果进行对比，得出如下结论并提出建议：

资本流动性的空间溢出效应非常显著。在全国范围内，资本流入强度的提高对本地区以及邻近地区的产业结构高级化水平都有显著的正向促进作用；资本流出强度的提高对本地区以及邻近地区的产业结构高效化水平与产业结构合理化水平具有正向的影响。就七大城市群的空间溢出效应来看，对成渝、京津冀、长江中游以及珠三角城市群而言，资本的流入与流动性的提高更有利于地区产业结构的优化升级；对哈长、中原以及长三角城市群而言，资本的流出以及流动性的提高更有利于地区产业结构的优化升级。

从全国以及七大城市群的回归结果来看，资本流动性与产业结构的优化升级之间有着密切的关系，但由于地区的异质性，在不同城市群间表现不同。长三角、珠三角城市群应当继续发挥与国际市场，尤其是国际金融市场的衔接作用，以保证金融业的健康稳定发展，从而发挥资本流动对于产业结构优化升级的带动作用。京津冀、成渝、长江中游城市群的金融业发展方兴未艾，因此应实施更加吸引投资的政策，同时健全金融服务以提高资本流动性。哈长城市群由于是老工业区，落后产业尚未淘汰，先进产业仍未成熟，在产业结构转型阶段可能面临大量的资本流出，这一方面加速了落后产业的淘汰，另一方面也不利于新兴产业成长。因此，哈长城市群应当既要逐步淘汰落后产业，又要制定相应政策吸引资金流入先进产业。中原城市群与哈长城市群类似，以农业、机械制造、煤炭行业等为主的产业结构已经落后，资本流出该地区不可避免。中原城市群跨越 5 个省份，包含 30 个地级市，城市群内应协调好各省份以及地级市的产业政策，逐步淘汰落后产业。

在产业结构优化升级的过程中，地区差异性的影响十分显著。资本的流入、流出以及流动性的差异对不同的地区的影响效果以及影响方向都有差异。在制定与资本流动相关的产业政策的时候应当充分考虑到地区差异，中央与地方应具有一定的协调性，中央把握政策的方针和原则，地方则应具有一定的制定经济政策的独立性与灵活性，制定相应的地方经济政策与中央大政方针相呼应。由于我国幅员辽阔，经济的区域协同治理就显得十分重要，应加强城市群中的地市之间的沟通，共同商讨区域经济政策的制定。

参 考 文 献

[1] 蔡红艳、阎庆民：《产业结构调整与金融发展——来自中国的跨行业调查研究》，载《管理世界》2004 年第 10 期。

[2] 蔡翼飞、刘春雨、马佳丽：《区域资本流动估算及其影响因素分析》，载《劳动经济研究》2017 年第 4 期。

[3] 陈明森：《国际资本流动的区位导向与产业导向》，载《亚太经济》2003 年第 5 期。

[4] 陈英：《马克思的资本流动理论与产业结构的变动规律》，载《教学与研究》2007 年第 12 期。

[5] 冯白、葛扬：《资本投向、产权性质与区域产业结构调整》，载《产业经济研究》2016 年第 1 期。

[6] 付凌晖：《我国产业结构高级化与经济增长关系的实证研究》，载《统计研究》2010 年第 8 期。

[7] 干春晖、郑若谷：《改革开放以来产业结构演进与生产率增长研究——对中国 1978～2007 年"结构红利假说"的检验》，载《中国工业经济》2009 年第 2 期。

[8] 干春晖、郑若谷、余典范：《中国产业结构变迁对经济增长和波动的影响》，载《经济研究》2011 年第 2 期。

[9] 郭金龙、王宏伟：《中国区域间资本流动与区域经济差距研究》，载《管理世界》2003 年第 7 期。

[10] 胡凯、吴清：《省际资本流动的制度经济学分析》，载《数量经济技术经济研究》2012 年第 10 期。

[11] 李斌、卢娟：《异质性公共服务对产业结构升级影响路径与溢出效应研究——基于 286 个地级市数据的实证分析》，载《现代财经（天津财经大学学报）》2017 年第 8 期。

[12] 李小平、陈勇：《劳动力流动、资本转移和生产率增长——对中国工业"结构红利假说"的实证检验》，载《工业经济》2007 年第 10 期。

[13] 陆蓉、何婧、崔晓蕾：《资本市场错误定价与产业结构调整》，载《经济研究》2017 年第 11 期。

[14] 卢万青、纪祥裕：《城市房价、金融发展与产业结构升级——基于中国地级市面板

数据的实证研究》，载《产经评论》2017年第5期。

[15] 罗文波、安水平：《资本市场融资、经济增长与产业结构升级——基于中国省际面板数据的检验》，载《证券市场导报》2012年第4期。

[16] 毛丰付、潘加顺：《资本深化、产业结构与中国城市劳动生产率》，载《中国工业经济》2012年第10期。

[17] 孙红霞、张志超：《区域资本"回流"效应的经济学分析和对策建议——基于动态面板数据模型》，载《上海经济研究》2011年第3期。

[18] 孙凯、苏剑：《基于我国区域资本流动的Feldstein – Horioka之谜分析》，载《上海金融》2016年第1期。

[19] 苏勇、杨小玲：《资本市场与产业结构优化升级关系探讨》，载《上海财经大学学报》2010年第2期。

[20] 滕玉军：《从资本的流动性看我国产业结构调整》，载《财政研究》2006年第6期。

[21] 王定祥、李伶俐、吴代红：《金融资本深化、技术进步与产业结构升级》，载《西南大学学报（社会科学版）》2017年第1期。

[22] 王守坤：《中国各省区资本流动能力再检验：基于广义空间计量模型的分析》，载《经济评论》2014年第4期。

[23] 徐冬林、陈永伟：《区域资本流动：基于投资与储蓄关系的检验》，载《中国工业经济》2009年第3期。

[24] 许清清、范甜甜、袁祺：《我国人口迁移政策对产业结构升级的影响研究——基于2000~2016年我国31个省的面板数据的实证分析》，载《宏观质量研究》2019年第4期。

[25] 于泽、徐沛东：《资本深化与我国产业结构转型——基于中国1987~2009年29省数据的研究》，载《经济学家》2014年第3期。

[26] 曾克强、罗能生：《社会资本与产业结构调整：基于区域和结构效应的分析》，载《中国软科学》2017年第4期。

[27] 赵冉冉、沈春苗：《资本流动、产业集聚与产业结构升级——基于长三角16个中心城市面板数据的经验分析》，载《经济问题探索》2019年第6期。

[28] 张伯超、邱俊鹏、韩清：《行业资本收益率、资本流动与经济增长》，载《财经问题研究》2018年第8期。

[29] 张璟、沈坤荣：《转型期中国经济增长方式转变的金融支持——基于经济学文献的探讨》，载《经济理论与经济管理》2010年第11期。

[30] 张晓莉、刘启仁：《中国区域资本流动：动态与区域差异——基于1978~2009年数据》，载《国际商务研究》2012年第3期。

[31] 张晓燕、冉光和、季健：《金融集聚、城镇化与产业结构升级——基于省级空间面板数据的实证分析》，载《工业技术经济》2015年第9期。

[32] 张营营、高煜：《创新要素流动能否促进地区制造业结构优化——理论解析与实证检验》，载《现代财经（天津财经大学学报）》2019年第6期。

[33] 张治栋、李发莹：《基础设施、空间溢出与产业结构升级——基于长江经济带地级市的实证分析》，载《云南财经大学学报》2019年第5期。

[34] Antzoulatos, A. A., Apergis, N., and Tsoumas, C., 2011: Financial Structure and Industrial Structure, *Bulletin of Economic Research*, Vol. 63, No. 2.

[35] Beck, T. and Levine, R., 2002: Industry growth and capital allocation: does having a market-or bank-based system matter, *Journal of Financial Economics*, Vol. 64, No. 3.

[36] Elhorst, J., 2009: *Handbook of Apllied Spatial Analysis*, Berlin: Heideberg New York Press.

[37] Keyu, J., 2012: Industrial Structure and Capital Flows, *American Economic Review*, Vol. 5, No. 6.

[38] Lai, J. T., Mcnelis, P. D., and Yan, I. K. M., 2013: Regional capital mobility in China: Economic reform with limited financial integration, *Journal of International Money and Finance*, Vol. 37, No. 3.

[39] Lesage, J. and Pace, K., 2009: *Introduction to Spatial Econometrics*, London: Taylor & Francis Group Press.

[40] Vilela, A. L. M., Wang, C., Zhang, X. Y., Liu, C., and Stanley, H., 2019: Industrial Structure Upgrading and the Impact of the Capital Market from 1998 to 2015: a Spatial Econometric Analysis in Chinese Regions, *Physica A-statistical Mechanics and Its Applications*, Vol. 513, No. 1.

[41] Wurgler, J., 2001: Financial Markets And The Allocation Of Capital, *Yale School of Management Working Papers*, Vol. 58, No. 1.

Research on the Optimization and Upgrading of Industrial Structure of Heterogeneous Urban Agglomeration by Capital Cross-regional Flow

Qingqing Xu Zhenyu Li Xia Jiang

Abstract: China is currently in an important period of industrial structure adjustment and capital market opening. How will capital liquidity affect the optimization and upgrading of China's industrial structure is an urgent issue for China's economy. Based on the panel data of 275 prefecture-level cities from 2003 to 2016, this paper adopts the spatial lag model and spatial error model to analyze the effect of cross-regional capital flow on the optimization and upgrading of industrial structure of China's seven heterogeneous city clusters from three dimensions of industrial structure upgrading, high-efficiency and rationalization. The empirical results show that capital mobility has significant direct and indirect effects on the optimization and upgrading of China's industrial structure. However, the direct and indirect spillover effects of capital inflow and liquidity on the industrial structure optimization and upgrading of the seven heterogeneous city clusters are significantly different. The conclusion of this paper is of great significance to how to give full play to the role of capital market in promoting the optimization and upgrading of industrial structure and coordinate the industrial development of different economic zones so as to guarantee the high-quality economic growth.

Key Words: Capital Flow   Industrial Structure   Heterogeneity Urban Agglomeration Spatial Measurement

JEL Classification: E22   L16   L52

附录：

本文使用的部分关键性数据

地区	2003 年				2016 年			
	高级化	高效化	合理化	资本流动性	高级化	高效化	合理化	资本流动性
北京市	7.2192	0.3647	0.9664	-0.8528	7.5999	1.5957	0.9998	-0.7041
天津市	6.8586	0.4334	0.9604	-0.3020	7.1586	2.7677	0.9871	0.2137
石家庄市	6.3740	0.1658	0.6665	-0.3698	6.7297	1.0116	0.7274	0.0961
唐山市	6.1879	0.2215	0.9137	-0.3151	6.4648	0.5765	0.8908	0.0465
太原市	6.8471	0.1701	0.9645	-0.8836	7.2765	0.2149	0.9667	-0.5140
沈阳市	6.8308	0.1135	0.9339	-0.5241	7.0485	0.5719	0.8982	-0.7799
大连市	6.6310	0.2009	0.9255	-0.4920	6.8783	0.7509	0.8891	-0.5516
长春市	6.4974	0.2786	0.8711	-0.3301	6.7928	1.4316	0.9450	0.1092
哈尔滨市	6.5126	0.0741	0.9148	-0.5073	6.8871	0.2843	0.9194	0.0850
上海市	6.9897	0.9906	0.9826	-0.5381	7.4346	2.7086	0.9944	-0.5948
南京市	6.8146	0.4234	0.9539	-0.1139	7.1621	1.4470	0.9381	-0.0173
苏州市	6.6490	0.5809	0.9919	-0.0220	7.0534	2.6147	0.7865	-0.1284
无锡市	6.7565	0.5948	0.9728	-0.0549	7.0480	1.9918	0.9223	0.0044
南通市	6.2871	0.1157	0.8614	-0.3988	6.8452	1.4580	0.6411	-0.0773
常州市	6.6195	0.3305	0.9361	-0.1956	7.0014	1.9341	0.9002	0.0562
徐州市	6.2840	0.0881	0.8283	-0.1095	6.7101	1.0652	0.8805	0.3206
扬州市	6.4361	0.1433	0.8262	-0.3123	6.7795	1.2839	0.6510	0.1843
杭州市	6.7080	0.5593	0.8320	-0.2189	7.2033	1.8607	0.8714	-0.1828
宁波市	6.6127	0.5865	0.8644	-0.1243	6.8574	2.4039	0.8564	-0.0616
温州市	6.6744	0.1647	0.9035	-0.3846	7.1065	0.5401	0.8762	-0.1775
绍兴市	6.4867	0.4325	0.8204	-0.1192	6.8360	1.8374	0.5758	-0.0787
嘉兴市	6.4648	0.3446	0.8460	-0.0186	6.8381	2.1311	0.8654	-0.0796
合肥市	6.6213	0.1630	0.8223	-0.2147	6.8248	1.0406	0.8586	0.5341
福州市	6.4857	0.1568	0.8579	-0.3343	6.8184	0.9313	0.7333	0.2094
泉州市	6.6774	0.1766	0.8621	-0.3136	6.7412	1.6944	0.8871	0.0879

续表

地区	2003年 高级化	高效化	合理化	资本流动性	2016年 高级化	高效化	合理化	资本流动性
厦门市	6.7708	1.0774	0.9530	-0.2001	7.2198	1.6598	0.8939	0.0129
南昌市	6.6154	0.1279	0.9651	-0.3866	6.7860	0.9759	0.9175	0.4439
济南市	6.7859	0.2280	0.8534	-0.1856	7.0993	0.9658	0.8301	-0.0216
青岛市	6.5612	0.2309	0.8711	-0.0950	7.0468	1.6834	0.8734	0.2277
烟台市	6.4057	0.2923	0.8488	-0.0601	6.7079	2.2127	0.7452	0.2125
潍坊市	6.2361	0.1404	0.7453	-0.0873	6.6344	1.1363	0.6888	0.2928
淄博市	6.5927	0.3351	0.9583	-0.1130	6.8365	2.6470	0.8824	0.1656
郑州市	6.7927	0.1638	0.9114	-0.4955	7.0321	1.6665	0.9591	0.1235
武汉市	6.8758	0.2322	0.9958	-0.3853	7.0211	1.3038	0.9284	0.0653
长沙市	6.7515	0.1738	0.8028	-0.2258	6.8945	1.4426	0.8769	0.2228
广州市	7.0439	0.7406	0.9730	-0.7298	7.4046	2.0108	0.9676	-0.4141
深圳市	6.8499	3.4614	0.9909	-0.4318	7.2657	4.5972	0.9264	-0.3056
佛山市	6.6607	0.4604	0.8434	-0.9846	6.7889	5.3291	0.8910	-0.3399
东莞市	6.8298	0.8594	0.9283	-0.9617	7.1208	3.8737	0.6735	-0.4686
南宁市	6.5335	0.0428	0.9056	-0.5196	6.7454	0.4051	0.8531	0.2555
海口市	6.9485	0.1795	0.9067	-0.7907	7.4311	0.3572	0.9884	-0.0652
重庆市	6.4035	0.0610	0.7443	-0.2760	6.7908	0.7238	0.8252	0.2504
成都市	6.7234	0.1197	0.8626	-0.3776	7.0071	0.9191	0.9336	-0.1654
贵阳市	6.6557	0.1531	0.8912	-0.2706	7.0761	0.7489	0.8706	0.3612
昆明市	6.7497	0.2410	0.9050	-0.4272	7.0595	0.3959	0.9084	0.1012
西安市	6.9039	0.0907	0.9462	-0.7779	7.1791	0.4997	0.9043	-0.2727
兰州市	6.7857	0.1426	0.9651	-0.5857	7.2345	0.2552	0.9248	-0.3142
西宁市	6.7867	0.0030	0.9478	-0.6180	6.9489	0.0103	0.9415	0.1301
银川市	6.6302	0.0916	0.9981	-0.3169	6.8550	0.3906	0.9591	0.2226
乌鲁木齐市	7.2807	0.2142	0.9856	-0.5869	7.4221	0.2971	0.9955	-0.2516

地价扭曲、功能分工与城市群产业效率

赵 祥 曹佳斌[*]

摘 要：本文基于我国17个城市群数据的实证分析发现，城市功能分工有助于城市群产业发展效率的提升，而作为一种新的隐性市场分割手段，地价扭曲则不利于城市群产业发展效率的提升。并且，由于各级地方政府地价扭曲行为的影响，功能分工对城市群产业发展效率的正向促进作用也受到了削弱。上述发现表明，政府干预导致我国城市工业、商业和住宅等不同用途的土地价格发生扭曲，影响了基于市场机制的要素流动，抑制了城市之间的功能分工，并进而对城市群产业效率具有不利影响。因此，我国城市群产业效率提升的一个关键在于消除包括地价扭曲在内的各种行政干预对区域市场一体化进程的影响，深化不同城市间的功能分工。

关键词：地价扭曲 功能分工 城市群 全要素生产率

一、引言与文献评述

中国城市化进程的事实特征在于中国城市经济集中度偏低，城市功能分工受到抑制，功能层次不明显，以及大小城市产业结构存在趋同现象（Henderson，2009；亨德森、马先标，2014；陆铭、陈钊，2009；王小鲁，2010；袁志刚、绍挺，2010；范剑勇、邵挺，2011；孙久文、原倩，2014）。城市体系的这种特征导致生产性服务业发展缓慢和制造业创新能力不足。这是因为，一方面经济集中度偏低表明城市经济还没有集聚到最佳的规模，而服务业特别是生产服务业的发展需要经济密度达到一定水平后才能发展起来。另一方面大小城市产业结构趋同意味着资源的空间配置存在较大程度的重复与浪费，使得所有行业在空间上都没有获得充分的外部经济，从而在整体上制约了城市群产业效率的提升。那么，究竟是什么因素阻碍了城市功能分工，并导致上述问题的存在呢？

---

[*] 本文受国家社科基金项目"我国城市化制度选择与产业结构优化升级研究"（13BJY048）资助。感谢匿名审稿人的专业意见！
赵祥：中共广东省委党校管理学部；地址：广东省广州市建设大马路3号，邮编：510053；Email：zhaohoup@163.com。
曹佳斌：广东省社会科学院经济研究所；地址：广东省广州市天河北路618号广东省社会科学院，邮编：510635；Email：cjbzsu@163.com。

当城市化达到一定水平之后，城市环境对企业不仅意味着可以享受外部性收益，还意味着要承担越来越高的拥挤成本（congestion cost），特别是城市地价上涨所带来的成本压力。在城市空间有限的条件下，由于土地的不可再生性与不可流动性，当大量资本为了追求外部性收益涌入城市时，整个城市的土地价格在需求力量的驱使下将持续上升。地价上升将对那些难以通过加成定价方式转移土地成本压力的竞争性制造业部门形成挤出效应，从而迫使一部分利用成熟技术从事标准化制造的厂商从城市迁出，转移到土地价格相对低廉的中小城市。在一国内部劳动力可以自由流动的情况下，这意味着随着城市经济密度的上升，地价上涨将会推动资本和劳动力流动，使得每个城市的产业结构与其地价水平相适应，从而促进城市间功能分工，而功能分工的结果是城市群产业效率的提升。但是，上述地价推动要素流动的机制隐含了另一个重要假设，即地价的高低完全取决于市场供求力量的对比，这样地价才会随着城市经济密度的增加而同步上升。但是在我国，地价不仅取决于市场力量的作用，还在很大程度上受到政府行政力量的影响。在本地政绩目标和财政利益的驱使下，为了增加本地区的经济吸引力，我国各级地方政府往往采用"压低城市边缘区工业用地价格，抬高城市中心区商住用地价格"的策略（周飞舟，2006；王贤彬，2014；谭锐等，2015；赵祥、曹佳斌，2017）。一方面，通过压低城市边缘区工业用地价格来招商引资，扩大本地投资规模，工业投资的扩大既可以增加相关税收收入，又可以为本地区服务业发展提供支撑；另一方面通过抬高城市中心区商住用地价格，扩大土地财政收益，从而同时达成地方政绩和财政目标。这种地价扭曲行为一方面压低了工业地价，使得工业地价在很大程度上偏离了市场力量的影响，导致了制造业资本黏性，阻碍了资本的跨区流动；另一方面推高了商住用地价格，并带来房价上涨，导致城市创业和生活成本上升，降低了城市对人才等要素的吸引力，对现代服务业发展和创新不利。上述两方面影响加在一起阻碍了城市功能分工，对城市群产业效率产生重要的不利影响。因此，地价扭曲成为另一种实际存在的隐性市场分割手段，我们将对其影响城市群功能分工与产业效率的机制进行理论与实证分析，并在此基础上提出相关政策建议。

目前已有一些文献分析了我国城市房价、城市功能分工与城市群产业发展问题，但还未能将这三个主题纳入一个统一的分析框架进行研究，地价扭曲对城市功能分工和产业效率的影响尚未得到很好的分析。首先，一些文献着重关注城市群功能分工问题，设计了相应的功能分工度量方法，对我国城市群功能分工问题进行分析。这些文献要么对我国城市群功能分工进行定性的描述（魏后凯，2007；张若雪，2009；苏红键、赵坚，2011；齐讴歌、赵勇，2014），要么利用国家和区域层面的数据对我国城市群分工水平进行度量（李学鑫、苗长虹，2006；赵勇、白永秀，2012；骆玲、史敦友，2015），但均未对促进或阻碍我国城市功能分工的因素进行可验证的分析，也没有将城市功能分工与城市群产业效率联系起来进行研究。其次，一些文献分析了城市功能专业化及其经济影响。王猛等（2015）的研究发现城市功能分工显著促进了经济增长。苏红键、赵坚（2011）发现城市产业专业化水平、职能专业化水平与城市经济增长呈显著的非线性关系。贺灿飞等（2012）基于全球500家跨国公司数据，分析了中国城市功能专业化趋势，发现处在城市体系高端的城市具有吸引价值链高端功能的竞争力，呈现一定的功能专业化趋势。赵勇、魏后凯（2015）分析了政府干预、城市群功能分工与区域差距之间的关系，发现在空间功能分工受到抑制的情况下，政府干预反而有助于抑制地区间经济差距，实现经济增长与地区发展差距的平衡。进一步地，部分文献更加聚焦于城市功能分工对城市产业发展的影响。Duranton and Puga（2005）指出信息技术进步和基础设施网络改进降低了企业远程管理成本，企业更容易将管理总部与制造基地在空间上分离布局，导致均衡的城市产业结构变迁。张若雪（2009）认为制造业从中心城市向外围城市转移的成本下降，引起城市功能分工程度上升，提高了城市圈的技术进步率。宣烨、余泳泽（2014）认为城市间生产性服务业层级分工通过专业化分工、空间外溢效应以及比较优势的发挥提升了制造业生产效率。与本文主题较为接近的是柴志贤、何伟财（2016）的研究，他们实证检验了城市功能专业化对产业效率的影响，发现城市功能专业化显著推动了生产性服务业的效率增长，而对工业效率表现一定的抑制效应。但是，他们没有分析城市功能分工的影响因素，并且他们的检验是基于单个城市数据样本做出的，难以真正反映城市群大小城市分工和经济互动对产业结构的影响。最后，还有一些文献也关注了城市房价或地价对产业结构变动的影响，并形成了一个基本共识，即大城市房价或地价上升到一定水平后会推动一部分制造业和劳动力向中小城市转移，并推动了区域产业结构优化升级（邵挺、范剑勇，2010；范剑勇、邵挺，2011；高波等，2012；王珺等，2013；杨亚平、周泳宏，2013）。这些文献在讨论房价或地价对产业结构影响时同样也着眼于单个城市的产业结构变动，未能从大小城市分工与经济互动的角度来研究城市体系产业结构优化问题。同时，据我们所知，除了笔者的研究以外（赵祥、曹佳斌，2017），目前还没有文献分析我国各级地方政府的地价扭曲行为对城市群产业效率的影响。由于存在人为的价格扭曲，地价对要素流动的影响会偏离标准理论所描述的理想状态，地价扭曲成为新的市场分割手段。这会在很大程度上阻碍资本和劳动力要素在城市体系内的自由流动，不利于城市功能分工，从而可能对城市群产业效率造成不利影响。

正是在上述研究背景下，本文将地价扭曲、城市功能分工和城市群产业效率纳入一个统一的分析框架进行研究，在以下两个方面推进了现有研究：一是识别出地价扭曲作为一种新的市场分割手段，对城市功能分工的影响，阐明了我国各级地方政府对土地政策工具的运用所产生的重要经济影响。二是将地价、城市功能分工与城市群产业发展效率联系起来进行研究，拓展了现有的研究路径。本文余下部分的主要内容为：首先，对地价扭曲、城市功能分工和城市群产业效率之间的关系进行理论分析，提出本文的理论假说；其次，构造和利用我国17个城市群的经验数据实证检验地价扭曲对城市功能分工和城市群产业效率的影响。最后是研究结论和有关政策建议。

二、分析框架与理论假说

（一）地价扭曲与城市功能分工

在解释城市分工的逻辑方面，城市经济学经典文献强调外部性差异所扮演的重要角色。具体来说，外部性可以区分为两种：一种是源于行业内部的马歇尔外部性（Marshall Externality），这种外部性只惠及行业内部的厂商，即同行业的企业布局在一起能够得到好处，不同行业的企业布局在一起只会带来高成本，是没有额外收益的；另一种是源于行业间相互溢出的雅各布斯外部性（Jacobs Externality），这时多样化的产业集聚会给企业带来益处，源自多样化产业之间的资源共享和知识溢出有助于厂商降低成本和提高生产效率。在现实中城市的规模越大，其产业结构的多样性就越强，这时雅各布斯外部性起着更为重要的作用（Glaeser et al.，1992；Henderson et al.，1995；Duranton and Puga，2001）。大城市多样化的环境对于孵化新产业和复杂技术更为有效。新企业往往不清楚自己的优势在哪里，它们只能小规模地生产以进行试错，这时大城市多样化的环境是有利的。而当企业孵化成功后，他们将迁往专业化的小城市进行标准化的批量生产，在那里他们可以更好地利用马歇尔外部性。这样分工的结果就是大城市的产业结构趋于多样化，集中了大量的新兴产业以及研发、营销、商务、管理等现代服务部门，而中小城市的产业结构趋向专业化，成为依附于大城市的制造加工基地。

要素流动是实现城市功能分工的纽带。一般来说，一个国家内部不同地区之间的劳动力流动基本上不存在类似国际移民的政策性限制，劳动力市场的一体化水平较高，因而劳动力流动成本较低，最容易发生劳动力追逐资本的跨区流动，但资本流动要受到地区间投资回报水平差异的影响。在这一过程中，地价或房价成为决定资本和劳动力要素流动的关键力量。当城市经济和人口密度达到较高水平时，厂商和劳动力在享受集聚所带来的外部性收益的同时，也面临着日益上涨的土地价格上涨的压力（Melo et al.，2009；Pflüger and Tabuchi，2010）。如果城市可以不受限制地扩张其边界，那么土地价格上涨的压力就可以在城市内部得以释放。这时，城市地价上涨只会引起不同产业部门在城市内部区位布局的调整，那些运输成本较大、单位土地产出率较高的现代服务和创新部门，承受地价上涨压力的能力较强，通常选择布局在城市中心区。而那些运输成本较低、单位土地产出率较低的传统制造业部门就会倾向于布局在土地价格相对低廉的城市边缘地区。但是现实中城市不可能无限扩张其边界，由于土地的不可再生性与不可流动性，当大量厂商和劳动力为了追求外部性收益加速向城市集中时，需求的快速扩张将不可避免地导致整个城市的土地价格持续上升，这样就会迫使相对低效的传统加工制造部门从城市撤出，向外转移到土地价格低廉的中小城市。这表明随着城市经济密度上升，城市群内部会发生基于土地价格作用的要素双向流动，传统制造加工部门的资本和劳动力从大城市流向中小城市，而现代服务部门的资本和劳动力则进一步向大城市集中，以充分享受大城市多样化环境的好处。由此，城市群内部不同城市之间就发生了功能性分工，各城市比较优势便可以得到更好的发挥，最终导致城市群产业效率的改进。

作为一种重要的非贸易品，经济和人口集中所带来的地价上涨在推动城市间要素流动的过程中扮演了极为重要的角色。但是，地价发挥这种作用的前提是城市中存在单一地价，并且这种单一地价是基于市场力量形成的，即城市土地价格的形成完全取决于土地市场上供给和需求之间的权衡。但是，在我国并不存在这样一个不受政府干预的城市建设用地市场，城市土地价格的形成也不完全取决于市场力量的影响。在现实中，我国各级地方政府实际上垄断了城镇建设用地一级市场，成为唯一的城镇建设用地供给方。这样，在土地财政利益和辖区政绩目标的驱使下，各地政府无不将土地作为政策工具，加大对土地市场的干预（赵祥、曹佳斌，2017）。各级地方政府对土地政策工具的运用主要包括以下两方面内容：一是针对不同的发展目标，对城镇建设用地进行用途管理，将城镇建设用地区分为商业、住宅和工业用地等不同用途类型，不同用途的土地对应不同的土地使用权出让年限，商业用地40年、住宅用地70年和工业用地50年。二是对不同用途的土地的价格进行干预。我国各地政府为了在获取高地价所带来的土地财政收益增加的同时，强化本地区对工业部门的吸引力，往往倾向于高价出让城市商住用地以扩大土地收益，低价出让城市工业用地以招商引资。这样的土地供给倾向在实践中就表现为政府对城市商住用地和工业用地采用不同的价格策略。对于商住用地，基于市场机制的公开拍卖通常导致商住用地价格较高，在此过程中政府更愿意设置较高的起拍价格是一个重要的原因。而对于工业用地，地方政府不愿意看到因为地价上涨而影响招商引资，因而在定向挂牌出让[①]等方式的操作下，工业用地价格明显地被人为地压低。这样，在我国城市环境中并不

---

① 这是近年来我国地方政府在招商引资过程中普遍采用的一种土地供应策略，虽然名义上也采用挂牌出让的方式，但实际取得土地的企业往往是地方政府事先"内定"的招商对象，土地价格一般比市场竞争出让价格要低。

存在一个完全基于市场力量而形成的单一土地价格，城市商住地价由于政府干预放大了土地市场供求关系的作用，而城市工业低价则由于政府干预明显弱化了市场力量的影响。因此，我们可以观察到的事实是，随着城市经济密度上升，城市商住地价与工业地价的变化并不同步，二者之间往往存在巨大的差距，这种差距在很大程度上是政府行为对城市土地要素价格的扭曲。这两种地价之间的差距越大，扭曲程度就越高，城市地价就越偏离市场力量的作用[①]，这种对土地价格的扭曲实际上已经成为一种隐性的市场分割手段，对城市间资本、劳动力等要素流动具有重要的影响，阻碍城市群功能分工的深化。

（二）城市功能分工与城市群产业效率

1. 大城市是城市群产业效率提升的源头

大城市是多元化生产性服务和创新中心，这使得它成为城市群产业效率提升的源头。首先，大城市的存在为生产性服务业的发展提供了环境。生产性服务业本身就是产业结构高级化的结果，经济增长尤其是制造业扩张会导致对专业化生产性服务需求的增长，在制造业生产过程中生产性服务投入所占的比重不断增长，因此，生产性服务业要在工业化达到较高水平后才能发展起来，其效率要高于传统的消费性服务业。其次，生产性服务业的发展有助于制造业规模经济的形成，提高了制造业部门的资源配置效率，并通过前后向关联作用促进了制造业部门的技术创新活动，从而有助于制造业生产效率的提升，没有发达的生产性服务业提供支撑，制造业部门的竞争力就难以获得提升，生产性服务业与制造业部门间的相互作用日益加深，形成共同发展的互补关系，这对提高区域产业发展效率至关重要。相对于中小城市而言，大城市多样化的环境更有利于服务业尤其是生产性服务业的发展，其原因有三：一是生产性服务业最为重要的特征是生产者和使用者需要面对面的直接接触，这时人的运输成本是最为昂贵的，特别是当需要频繁的交流时。因此，为了接近客户需求以求节省运输成本，生产性服务业倾向布局于人口高度集中的大城市（Illeris and Sjoholt，1995；Glaeser，2007）。二是生产性服务业的发展与信息交流和创新关系密切。在大城市的环境中，知识信息基础设施发达，信息交流和新知识的传递更为便捷，创新的可能性也更大。三是服务业尤其是生产性服务业对人力资本的依赖性很强。大城市通常具有较高的人力资本水平，并且由于具有较好的学习环境，这种高水平的人力资本还表现出一种自我强化的趋势，这也是生产性服务业向大城市集中的原因

---

① 事实上已经有文献注意到这种供地的"两手"策略（周飞舟，2006；王贤彬，2014；谭锐等，2015；赵祥、曹佳斌，2017），但这种"两手"供地策略对城市功能分工的影响还未得到很好的分析。

(Moretti，2004)①。

其次，大城市在技术创新中也扮演者举足轻重的角色，具体原因有三：其一，大城市的产业结构是更为多样化的，而小城市的产业结构则更为专业化。大城市多样化的环境对于孵化新产业和复杂技术更有效，而中小城市则更适合从事标准化产品的批量生产(Duranton and Puga，2001)。其二，一个城市的人力资本水平决定了它吸收和使用新技术的能力，因此，人力资本水平对于城市的创新至关重要。大城市的人力资本水平不仅通常更高，而且城市的人力资本水平表现出一种自我强化的趋势，即初始人力资本水平越高，其后续人力资本的积累越快，这使得大城市持续拥有人力资本方面的优势(Moretti，2004)。其三，大城市通常集中了更多的中间服务，例如公共实验室、市场分析、技术咨询、专利代理和知识产权法律服务等。这为创新活动的顺利开展、知识产权获取与保护、知识产权市场转化提供了一系列必要的支持与保障，使得创新活动进一步向大城市集中，而创新集中的结果必然带来产业效率的提升。

2. 城市功能分工与产业效率

城市不是孤立存在的，通过要素和产品的流动，不同规模的城市相互联系形成了城市体系(Abdel-Rahman and Anas，2004)。由于城市间的相互联系，一个城市中集聚的经济活动会受到它周围城市的影响。经验研究表明，在都市圈范围内，不管制造业还是生产性服务业，相对于大城市而言，小城市的发展水平都远远不及。但是，从比较优势的角度看，制造业在小城市地区具有比较优势(陈建军、陈菁菁，2011)。因此，在大小城市之间实现功能分工是必要的。但是，这种功能分工在空间上又不是随机的，会受到一定地理范围的限制。生产性服务业和制造业之间存在联动效应，这种联动效应主要基于两部门之间高度的投入产出联系，正是因为这种联系的存在，制造业要想充分利用生产性服务业的投入，两者之间的空间距离就不能太远。因此，在专业化于制造业的城市和专业化于生产性服务业的城市之间，地理邻近性十分重要，城市群内部城市之间空间距离有限，它们之间的功能分工强化生产性服务部门与制造业部门之间的联动效应，有助于提升城市群整体的产业效率。

进一步地，要想真正使大城市成为城市群的创新中心，也需要在大小城市之间实现分工与合作。这是因为，当大城市中的经济活动集聚到一定程度之后，由于非贸易品价格上升、拥挤等外部不经济的存在，将使更多的资源

---

① 不少经验研究证实了大城市生产性服务业发展的优势。Beyers (1993) 发现在20世纪80年代中叶的美国，90%的生产性服务业集中在大都市区，大都市区生产性服务业就业占总就业的53%。在联邦德国，生产性服务业的就业主要集中分布在汉堡、法兰克福、慕尼黑和纽伦堡几个大都市区，而靠近民主德国和捷克边界的广大非都市区则鲜有生产性服务业布局。在20世纪90年代初的北欧，70%以上的生产性服务业都集中在各国的首都，在首都和一些经济较发达的大都市区，生产性服务业的区位商均处于较高水平；而在那些非都市区中，生产性服务业的区位商均较低 (Illeris and Sjoholt, 1995)。英国和加拿大生产性服务业的空间布局也存在相似的情况 (Gillespie and Green, 1987; Coffey and Mcrae, 1990)。

耗费在土地租金、通勤等非生产领域，导致创新所获得的资源支撑下降，最终将不利于创新活动（Henderson et al.，2001；Gill and Kharas，2007）。因此，从各国的经验看，当经济发展到一定阶段后，基本上都出现了制造业从大城市向中小城市转移的现象，以腾出产业发展所需要的空间，降低城市拥挤所带来的外部不经济效应，促进更多的资源用于创新等生产性领域。实际上基于部门和功能的专业化，使大小城市在不同产业部门以及价值链不同环节实现错位分布是城市创新能力提升的重要途径。

从更为宏观的角度看，城市功能分工会对城市体系的集聚外部效应产生影响。城市形态调整最重要的特征就是集中与分散之间的权衡，城市群的规模分布结构影响了整个城市群外部性作用的发挥，最终会影响地区整体的创新绩效。一方面，当城市群规模分布过于集中时，这意味着其中的一些城市的规模过大，而另外一些则规模过小，无论城市规模过大和过小都会造成效率损失。在那些规模过大的城市中，过度的集聚带来了高昂的成本，部分资源不得不从知识的产生、积累和传播中转移出来，这将减少当期的知识积累，不利于创新。同时，在那些规模过小的城市中，经济活动的密集程度不够，未能充分发挥知识外溢的作用，也不利于知识积累和技术进步（Richardson，1987）。另一方面，当城市的规模分布过于均匀时，人口平均地分散到各个城市，这时，各个城市都普遍地集聚不足，也会招致效率损失，不利于技术进步与创新。因此，理论上存在着一种最优的城市规模分布结构，相对这一最优规模分布结构，过度集中或集中不足都会阻碍创新（Henderson et al.，2001）。因此，有必要促进城市间要素充分流动，实现有效的功能分工，实现城市群规模分布结构的合理化，从而推动城市群创新活动与效率提升[①]。

综合以上分析，我们认为城市功能分工有助于城市群产业效率提升，但作为一种新的隐性市场分割手段，各级地方政府的地价扭曲行为抑制了城市群功能分工，并进而对我国城市群产业效率产生了不利的影响。因此，当前我国城市群产业发展效率提升的一个关键在于：通过改进相关制度安排，消除城市地价扭曲，推动大中小城市形成高效的功能分工。下面我们将利用我国城市群发展的经验数据检验地价扭曲、城市功能分工对城市群产业效率的影响。

三、模型设定、变量选择和数据来源

（一）样本选择

本文选择2009～2014年96个中国地级及以上城市数据，构建17大城市

[①] 但从实践上看，中国的城市体系出现了集聚不足、分工不够、功能层次不明显等问题，难以在城市圈形成合理的空间结构，导致产业结构的国际竞争力低下（Henderson，2009；王小鲁，2010；袁志刚、邵挺，2010）。

群面板数据，每个城市群均由数量不等的核心城市和外围城市所组成。表 1 列举了这 17 大城市群的构成情况。我们选择城市群作为研究样本的原因在于：第一，城市群是考察制造业和服务业协同集聚形成的空间功能分工格局的适宜区域。由于产业和空间的关联互动作用在不同空间层面是完全不一样的，空间范围过大或过小都很难有效地反映大中小城市所形成的空间结构以及空间功能分工特征。当前我国城市群通常局限于一个省级行政区以内或仅

表 1　　　　　　　　　　17 个样本城市群的构成

序号	核心城市	外围城市	序号	核心城市	外围城市	序号	核心城市	外围城市
1	北京、天津	石家庄	6	上海	南京	12	郑州	开封
		唐山			无锡			洛阳
		秦皇岛			徐州			平顶山
		邯郸			常州			安阳
		保定			苏州			新乡
		张家口			南通			焦作
		廊坊			扬州	13	武汉	黄石
2	太原	大同	7	杭州	宁波			宜昌
3	呼和浩特	包头			温州			襄阳
4	沈阳、大连	鞍山			嘉兴			荆州
		抚顺			湖州	14	长沙	株洲
		本溪	8	合肥	芜湖			湘潭
		丹东			蚌埠			衡阳
		锦州			淮南			岳阳
		阜新			淮北	15	广州、深圳	珠海
		辽阳	9	福州	厦门			汕头
5	长春、哈尔滨	吉林			泉州			佛山（顺德）
		齐齐哈尔	10	南昌	九江			湛江
		鸡西	11	济南、青岛	淄博			东莞
		鹤岗			枣庄			中山
		大庆			烟台	16	南宁	柳州
		伊春			潍坊			北海
		佳木斯			济宁	17	重庆、成都	南充
		牡丹江			泰安			宜宾
					临沂			

跨越相邻省份的部分地区，其有限的空间范围能够较为有效地反映制造业和服务业协同集聚所形成的空间功能分工特征。第二，城市群是考察地方政府行为对地区产业发展影响的适宜区域。我国城市间经济竞争主要发生在省内或相邻城市之间，相邻城市的竞争会影响到城市间在吸引资本、人才和提供公共服务等方面的差异，进而影响到地区城镇化和工业化进程。因此，城市群能够较好地反映地方政府竞争对地区产业发展的影响。第三，本文重点关注地价对城市群功能分工和产业效率的影响，将城市地价的比较限定在空间范围较小的单个城市群内是合理的，而跨越较大区域的城市地价比较则意义不大。

（二）模型设定

城市群产业效率的变动既受当前因素的影响也会受到过去因素的影响，从长期来看是一个动态演变过程。此外，考虑到城市群内地价扭曲与城市产业效率之间存在相互影响的关系，因此，为了克服可能存在的内生性问题，我们使用动态面板回归过程来进行计量检验。考虑到系统广义矩方法相对于差分广义矩方法更有效。因此，我们选择使用系统广义矩估计方法（SYS–GMM）来考察地价扭曲、功能分工对城市群产业效率的影响，设定的计量模型如下：

$$tfp_{ct} = \alpha + \beta_1 tfp_{ct-1} + \beta_2 ldist_{ct} + \beta_3 X_{ct} + \mu_{ct} + \varepsilon_{ct}$$

其中，tfp_{ct}表示城市群中各城市的效率，tfp_{ct-1}表示滞后一期；$ldist_{ct}$表示某城市群中的城市i与该城市群中的其他城市的地价扭曲程度，X_{ct}为一组控制变量，包括城市经济规模（gdp）、城市就业规模（emp）、固定资产投资（invest）、人力资本（human），城市开放度（open）、公路密度（road）、建成区面积率（area），μ_{ct}表示不可观察的地区效应，ε_{ct}为随机扰动项。

（三）变量选择

1. 被解释变量

我们选择全要素生产率（tfp）作为衡量城市产业效率的变量。本文采用基于参数的面板随机前沿模型（SFA）对城市全要素生产率进行测算，SFA方法不但考虑了随机误差，而且更适合于动态研究，在模型设定合理且使用面板数据的情况下，SFA方法一般优于DEA方法。对数形式的面板随机前沿生产函数表达式如下：

$$lnY_{it} = lnf(X_{it}, \beta) + v_{it} - u_{it}$$

本文选择柯布—道格拉斯生产函数形式的面板随机前沿模型，对数形式：

$$lny_{it} = \beta_0 + \beta_k lnk_{it} + \beta_l lnl_{it} + v_{it} - u_{it}$$

其中，y_{it}、k_{it}和l_{it}分别表示城市i在第t年的生产总值、资本投入量和劳动投入量，参数 β_k、β_l 分别代表资本产出弹性和劳动产出弹性，v_{it} 为城市 i 的随机扰动项，且 $v_{it} \sim iidN(0, \sigma_v^2)$；根据 Battese and Coelli（1992）对生产无效率项的设定，非效率项 $u_{it} = u_i \exp[-\eta(t-T)]$，且假定 u_i 服从非负断尾正态分布，即 $u_i \sim N^+(\mu, \sigma_u^2)$，参数 η 表示技术效率指数 u_{it} 的变化率。由于设定的随机前沿模型违反了最小二乘法（OLS）的经典假设，不宜采用 OLS 方法进行参数估计，本文采用 Battese & Coelli（1995）提出的参数替代法，用参数 $\gamma = \sigma_u^2/(\sigma_u^2 + \sigma_v^2)$（$0 \leq \gamma \leq 1$），$\gamma$ 表示随机扰动项中技术无效所占的比重，利用非线性估计技术，可以得到所有参数最大似然估计量。

在计算城市效率过程中运用的数据中，GDP 原始数据为《中国城市统计年鉴》全市中的地区生产总值，通过省级 GDP 价格指数（上年 = 100），再由此得到 GDP 平减指数，并以 1995 年为基期转换为实际 GDP。劳动力原始数据为《中国城市统计年鉴》全市中的单位从业人员。实际资本投资额根据固定资产价格指数，并以 1995 年为基期进行转换。某年城市实际投资（I）= 基年固定资产投资 × 固定资产投资价格指数/100[①]。

2. 核心解释变量

本文有两个核心解释变量。第一个核心解释变量为地价扭曲程度（ldist$_{ct}$），我们用城市住宅地价与工业地价的比值来衡量。对于中心城市 i，地价扭曲程度的计算方法为：

$$\text{ldist}_{it} = \frac{P_{iR}(t)/\overline{P_{jR}(t)}}{P_{iI}(t)/\overline{P_{jI}(t)}}$$

对于外围城市 j，地价扭曲变量的计算方法为：

$$\text{ldist}_{jt} = \frac{P_{iR}(t)/P_{iI}(t)}{P_{jR}(t)/P_{jI}(t)}$$

其中，$P_{iR}(t)$ 表示在时期 t 某城市群中心城市 i 住宅地价，$P_{iI}(t)$ 表示在时期 t 城市群中心城市 i 工业地价，若该城市群出现两个核心城市，则取这两者的均值。$P_{jR}(t)$ 表示在 t 时期该城市群（以中心城市 i 为核心）中外围城市 j 的住宅地价，$P_{jI}(t)$ 表示外围城市 j 的工业地价。$\overline{P_{jR}(t)}$ 表示城市群外围城市的平均住宅地价，$\overline{P_{jI}(t)}$ 表示城市群外围城市的平均工业地价。

我们还构建另一个地价扭曲程度变量（ldist2$_{ct}$），我们用城市商业地价与工业地价的比值来衡量，用于稳健性检验，该变量构造方法与 ldist$_{ct}$ 变量

---

① 某一年 GDP = 基年 GDP × GDP 平减指数/100。关于城市基期资本存量的计算，采用 Hall and Jones（1999）方法估计：$K_0 = \frac{I_0}{g_i + \delta}$。其中，$K_0$ 为基期资本存量，I_0 为基期实际投资，g_i 为一段时间内（1995~2013 年）的几何平均增长率，δ 为折旧率。各个城市折旧率采用吴延瑞（2008）省级折旧率得到基期资本存量，再进一步通过公式 $K_t = I_t + (1-\delta)K_{t-1}$ 可以得到 1995~2013 年各城市资本存量数据。

类似。

正如前文所指出的,从观察到的事实看,我国城市商住地价与工业地价的变化并不同步,即商住地价上涨幅度要远快于工业地价,这种差距实际上是政府对城市土地要素价格进行有意识干预的结果,各地普遍把地价优惠作为手段吸引工业投资,而抬高商住地价以扩大土地财政收益。因此,按照上述公式计算的两种地价之间的比值越大,我们就可以认为地价扭曲程度就越高,城市地价就越偏离市场力量的作用。

本文第二个核心解释变量为城市群功能分工变量(fd)。Duranton and Puga(2005)使用城市功能专业化(functional urban specialization)指数来测度城市体系中城市功能专业化程度,较好地反映了城市等级体系中城市专业化特征。我们在上述方法的基础上,以中心城市"生产性服务业从业人员/制造业从业人员"与外围城市"生产性服务业从业人员/制造业从业人员"的比值来测度城市群空间功能分工水平。具体计算公式如下:

对于核心城市 i,该变量的计算方法为:

$$fd_i(t) = \frac{\sum_{p=1}^{N} L_{ips}(t) / \sum_{p=1}^{N} L_{ipm}(t)}{\sum_{p=1}^{N} L_{ops}(t) / \sum_{p=1}^{N} L_{opm}(t)}$$

其中,$\sum_{p=1}^{N} L_{ips}(t)$ 表示城市群核心城市 i 生产性服务业的从业人数,$\sum_{p=1}^{N} L_{ipm}(t)$ 表示在城市群核心城市 i 中制造业的从业人数,p 代表城市中的产业,p=1,2,…,N,s 代表生产性服务业从业人员,m 代表制造业从业人员[①];$\sum_{p=1}^{N} L_{ops}(t)$ 表示以城市 i 为核心的城市群的所有外围城市的生产性服务业从业人数,$\sum_{p=1}^{N} L_{opm}(t)$ 表示以城市 i 为核心的城市群的所有外围城市的制造业从业人数。

同理,对于外围城市 j,该变量的计算方法为:

$$fd_j(t) = \frac{\sum_{p=1}^{N} L_{cps}(t) / \sum_{p=1}^{N} L_{cpm}(t)}{\sum_{p=1}^{N} L_{jps}(t) / \sum_{p=1}^{N} L_{jpm}(t)}$$

此时,$\sum_{p=1}^{N} L_{cps}(t)$ 表示城市群中核心城市生产性服务业的从业人数,

---

① 此处我们借鉴了赵勇、魏后凯(2015)的相关研究成果。

$\sum_{p=1}^{N} L_{cpm}(t)$ 表示城市群中核心城市制造业从业人数①，$\sum_{p=1}^{N} L_{jps}(t)$ 表示城市群中外围城市 j 生产性服务业从业人数，$\sum_{p=1}^{N} L_{jpm}(t)$ 表示城市群中外围城市 j 制造业从业人数。$fd_c(t)$ 越大，城市群中心城市与外围城市的功能分工水平就越高。

3. 其他控制变量

除了核心解释变量以外，我们还选择了以下控制变量：（1）城市经济总量（gdp），我们用城市 GDP 规模来衡量。通常情况下，一个城市的经济规模越大，意味着经济活动的集聚水平越高，通常会具有较高的经济活动效率。（2）城市就业规模（emp），我们用城市总就业人数来衡量城市规模。根据柯善咨、赵曜（2014）、Duranton and Puga（2004）等的研究成果，城市规模是城市集聚效应发挥的基础，更是城市经济产出与生产效率的重要决定因素，我们预期城市就业规模变量对城市产业效率具有显著的正向促进作用。（3）固定资产投资（invest），用城市全社会固定资产投资总额来度量。长期固定投资涉及企业设备、厂房等固定资产投资和公共基础设施投资，对城市经济产出和经济活动效率具有重要的影响。因此，本文预期固定资产投资对城市经济产出和生产效率的影响显著。（4）人力资本（human），本文采用一个城市普通高等学校在校学生数与城市年末总人口的比值来表示。人力资本水平对城市经济增长具有重要影响（Lucas，1988；Morretti，2004），而高度集聚的人力资本对城市技术创新与经济活动效率的作用更为明显，因此，我们可以预期该变量的回归结果显著为正。（5）城市开放度（open），用各城市实际利用外资额（FDI）除以 GDP 来度量。FDI 的进入一方面会带来先进的技术、设备和管理，另一方面本地企业还可以在与外国企业形成分工协作关系的过程中分享其先进的技术与管理知识溢出。因此，我们预期一个城市实际利用外资的水平越高，其产业发展效率也应越高。（6）公路密度（road），公路密度体现了一个地区的交通可达程度，一般而言，交通基础设施的供给水平越高，通达性越强，商品和要素的流动成本就越低，就越有利于地区生产效率的提升。本文使用城市公路里程除以城市行政辖区面积加以度量。（7）建成区面积率（area），用城市建成区面积除以城市行政辖区面积加以度量。这一比率反映了城市扩张建成区空间的能力，这一比率越高可能意味着地方政府在扩张城市边界方面受到的限制越小，该地区扩大建设用地供给的潜力就越大。这会给地方政府压低工业用地价格提供更多的空间，从而不利于城市功能分工与生产效率的提升。（8）全要素生产率滞后项（L_lntfp），为滞后一期的城市全要素生产率。我们认为城市当期全要素生产

---

① 如果城市群中有两个核心城市，则取两个核心城市生产性服务业和制造业的平均从业人数。

率与上一期城市全要素生产率有关，上一期城市全要素生产率越高，当期全要素生产率也越高。

本文选取的城市群样本时间期间为 2009～2014 年，所选数据均为全市数据，对个别缺漏数据通过插值法加以补足，除特别说明外，所有数据均来自《中国城市统计年鉴》（2010～2015 年）和《中国区域经济统计年鉴》（2010～2015 年）。

（四）变量的统计描述

表 2 报告了样本变量描述性统计分析结果，限于篇幅，下面我们仅对 3 个核心变量进行详细的统计描述，分别见表 3～表 5。

表 2　　　　　　　　　　变量描述性统计分析结果

变量名	变量含义	均值	标准差	最小值	最大值
tfp	全要素生产率	0.8239	0.1250	0.0053	0.9474
fd	功能分工指数	2.4772	1.8050	0.4865	12.1749
ldist	商业地价与工业地价比	1.8585	1.0798	0.2126	7.6167
ldist2	住宅地价与工业地价比	2.1163	1.5180	0.3249	13.3996
gdp	经济总量（亿元）	3521.46	3608.71	172.46	23567.70
emp	就业人数（万人）	96.08	119.62	10.55	954.34
human	人力资本（%）	3.0601	2.8869	0.0868	12.7042
invest	固定资产投资（亿元）	2033.22	1794.05	85.99	13106.22
open	开放度（%）	2.7334	2.0284	0	13.1636
road	公路密度（公里/平方公里）	1.1768	0.4875	0.0641	2.6486
area	建成区面积率（%）	3.0715	5.2267	0.1602	44.5669

首先，表 3 报告了全国 17 个城市群 2009～2014 年全要素生产率，从中可以看出：（1）6 个城市群的全要素生产率在 0.85 以上，处于较高水平，具体包括呼包城市群、以上海为核心的沪苏城市群、以杭州为核心的浙江城市群、以福州为核心的福建城市群、以济南和青岛为核心的山东城市群，以及以广州和深圳为核心的广东城市群。除了呼和浩特包头城市群属于西部地区以外，其余 5 个城市群均处于经济发达的东部沿海地区。其中，广东城市群全要素生产率水平最高，达到 0.9059，沪苏城市群和山东城市群紧随其后，全要素生产率也分别达到 0.8957 和 0.8831。（2）6 个城市群的全要素生产率在 0.80 以下，处于较低水平，具体包括太原大同城市群、以长春和哈尔滨为核心的吉哈城市群、以合肥为核心的安徽城市群、南昌九江城市群、以郑州为核心的河南城市群、以及以南宁为核心的广西城市群。这 6 个

城市群均处于我国经济相对欠发达的中西部地区,其中,广西城市群的全要素生产率仅为 0.6965,为所有城市群最低。(3) 5 个城市群的全要素生产率在 0.80~0.85 之间,处于中间水平,具体包括以北京和天津为核心的京津冀城市群、以沈阳和大连为核心的辽宁城市群、以武汉为核心的湖北城市群、以长沙为核心的湖南城市群,以及以重庆和成都为核心的川渝城市群。这 5 个城市群在空间上跨越了东、中、西部地区,相互间全要素生产率水平较为接近。此外,从动态的角度来看,不同城市群全要素生产率在 2009~2014 年间呈现出差异化的动态趋势:全要素生产率呈上升趋势的城市群包括吉哈城市群、安徽城市群、湖北城市群、湖南城市群以及广西城市群;全要素生产率呈下降趋势的城市群包括京津冀城市群、沪苏城市群、浙江城市群、山东城市群、河南城市群与川渝城市群;其余 6 个城市群的全要素生产率基本上保持稳定,没有表现出明显的上升或下降趋势。

表 3　　　　　2009~2014 年全国各城市群城市全要素生产率

城市群	2009 年	2010 年	2011 年	2012 年	2013 年	2014 年	均值
1	0.8605	0.8531	0.8459	0.8405	0.8330	0.8363	0.8449
2	0.7363	0.7218	0.7247	0.7396	0.7297	0.7290	0.7302
3	0.9123	0.9221	0.9199	0.9189	0.9197	0.9174	0.9184
4	0.8249	0.8325	0.8418	0.8386	0.8360	0.8370	0.8351
5	0.6676	0.6906	0.7141	0.7388	0.7573	0.7747	0.7239
6	0.9030	0.9037	0.9002	0.8943	0.8933	0.8796	0.8957
7	0.8826	0.8761	0.8737	0.8668	0.8613	0.8686	0.8715
8	0.7354	0.7563	0.7708	0.7817	0.7880	0.7919	0.7707
9	0.8779	0.8820	0.8783	0.8738	0.8730	0.8814	0.8777
10	0.7986	0.8088	0.8070	0.7922	0.7890	0.7959	0.7986
11	0.8930	0.8920	0.8866	0.8787	0.8740	0.8740	0.8831
12	0.7098	0.7246	0.7070	0.6906	0.6865	0.6891	0.7013
13	0.8003	0.8120	0.8119	0.8425	0.8471	0.8484	0.8270
14	0.8121	0.8290	0.8295	0.8381	0.8431	0.8483	0.8334
15	0.9054	0.9072	0.9094	0.9080	0.9060	0.8995	0.9059
16	0.5087	0.5242	0.7748	0.7740	0.7877	0.8094	0.6965
17	0.8494	0.8454	0.8405	0.8411	0.8183	0.8029	0.8329

注:表中各年份指标值均为各城市群内所有城市全要素生产率的算术平均值,均值栏为各城市群 2009~2014 年城市全要素生产率的算术平均值。

其次,表 4 报告了全国 17 个城市群的地价扭曲情况,从中可以看出:

（1）6个城市群地价扭曲水平比较高，地价扭曲变量的取值均在2以上，具体包括京津冀城市群、吉哈城市群、沪苏城市群、浙江城市群、湖北城市群和广东城市群。除了湖北城市群、吉哈城市群分别处于中部和东北地区以外，其余4个城市群均处于经济发达的东部沿海地区。其中，浙江城市群地价扭曲程度最高，达到了6.197，广东城市群和吉哈城市群则分列第2、第3位，地价扭曲度分别为2.9167和2.8038。（2）3个城市群地价扭曲度变量取值小于1，处于较低水平，具体包括太原大同城市群、南昌九江城市群以及广西城市群。这3个城市群均处于我国经济相对欠发达的中西部地区。在这些城市群中，各城市之间的经济发展水平较为接近，没有形成较为明显的"核心—外围"结构，城市群内部的地价扭曲水平较低。（3）其余8个城市群的地价扭曲处于中间水平，该变量取值在1~2之间。具体包括呼包城市群、辽宁城市群、安徽城市群、福建城市群、山东城市群、河南城市群、湖南城市群和川渝城市群。这8个城市群在空间上涵盖了东、中、西部和东北地区，地价扭曲度较为接近，河南城市群最高为1.7571，呼包城市群最低为1.1278。此外，从动态角度来看，绝大部分城市群地价扭曲度在2009~2014年呈上升趋势，只有浙江城市群、湖南城市群和广西城市群等少数城市群地价扭曲度呈现出下降趋势。

表4　　　　　　　　2009~2014年全国各城市群城市地价扭曲程度

城市群	2009年	2010年	2011年	2012年	2013年	2014年	均值
1	2.5537	2.4657	2.2544	2.2258	2.2239	3.7396	2.5772
2	0.3963	0.3903	0.3903	0.3974	0.4638	0.5779	0.4360
3	0.9926	0.9933	0.9278	0.8899	1.9339	1.0296	1.1278
4	1.3271	1.3460	1.3354	1.3391	1.3515	1.3435	1.3404
5	2.5494	2.5252	2.5693	3.1109	3.0185	3.0493	2.8038
6	2.1718	2.4180	2.2584	2.2486	2.3852	2.6351	2.3529
7	7.7808	7.9944	5.2441	5.4920	5.7346	4.9361	6.1970
8	1.9100	1.8031	1.5325	1.5930	1.6669	1.8257	1.7219
9	0.6082	1.4276	1.2977	1.2763	1.2607	1.2264	1.1828
10	0.6712	0.6457	0.6661	0.6686	1.2479	1.2192	0.8531
11	1.4568	1.4244	1.3736	1.3633	1.3898	1.4409	1.4081
12	1.6901	1.8000	1.7415	1.7233	1.7889	1.7986	1.7571
13	2.0015	2.0167	2.0323	1.9549	2.9012	2.7778	2.2807
14	1.4963	1.3924	1.3337	1.3334	1.2495	1.2292	1.3391
15	2.4973	2.1183	2.2570	3.4950	3.6653	3.4673	2.9167

续表

城市群	2009 年	2010 年	2011 年	2012 年	2013 年	2014 年	均值
16	0.9164	0.8406	0.5905	0.5825	0.6191	0.6196	0.6948
17	1.4695	1.0789	0.8139	1.3859	1.4663	0.6597	1.1457

注：表中各年份指标值均为各城市群内所有城市地价扭曲度的算术平均值，均值栏为各城市群2009~2014年地价扭曲度的算术平均值。

表5显示了2009~2014年全国各城市群功能分工水平，从中可以看出：（1）有5个城市群功能分工水平比较高，功能分工指数均在3以上，具体包括京津冀城市群、呼包城市群、沪苏城市群、福建城市群和广东城市群。除了呼包城市群以外，其余4个城市群均处于经济发达的东部沿海地区。其中，京津冀城市群功能分工水平最高，达到了4.739。（2）有3个城市群功能分工指数介于2~3之间，处于中间水平，具体包括辽宁城市群、浙江城市群和青岛城市群。（3）其余9个城市群功能分工指数取值均小于2，处于较低水平。其中，江西城市群的功能分工水平最低，南昌与九江之间的功能分工指数仅为1.2445。此外，从动态角度来看，京津冀、8个城市群功能分工指数在2009~2014年呈上升趋势，有9个城市群功能分工指数呈现出下降趋势，说明我国城市群一体化发展水平并不理想。这与前文所述的绝大部分城市群地价扭曲度呈上升趋势形成了有趣的映照。

表5　　　　　　　　2009~2014年全国各城市群功能分工指数

城市群	2009 年	2010 年	2011 年	2012 年	2013 年	2014 年	均值
1	3.3867	4.4915	4.7528	5.4574	5.2529	5.0680	4.7349
2	1.3342	1.2833	1.6885	1.1308	1.3297	2.2708	1.5062
3	2.6568	2.5772	2.9651	3.3449	4.0342	3.5618	3.1900
4	1.9025	2.3096	2.6344	2.3595	1.5251	1.4020	2.0222
5	1.5148	1.6354	1.7603	1.8974	1.1581	1.1710	1.5228
6	3.4168	3.6828	2.7215	2.1857	5.7923	6.1300	3.9882
7	2.1919	2.3314	2.1267	1.9794	1.8722	1.7939	2.0492
8	2.6099	2.3428	1.6175	1.5344	1.2599	1.4063	1.7951
9	4.1722	4.1441	2.7758	2.3514	2.5281	2.1393	3.0185
10	1.4886	1.5353	1.2300	1.3449	0.9938	0.8743	1.2445
11	2.5128	2.4790	2.8991	2.9321	2.6025	2.5603	2.6643
12	1.5280	1.5185	1.2684	1.2062	1.3449	1.5033	1.3949
13	1.8276	2.1702	1.8777	1.7197	1.7338	1.7871	1.8527

续表

城市群	2009年	2010年	2011年	2012年	2013年	2014年	均值
14	1.8217	1.9359	1.9148	2.1649	2.1381	1.4585	1.9056
15	2.0593	2.1245	1.9168	2.2712	5.6774	5.9519	3.3335
16	1.7018	1.5600	1.8127	1.4948	1.7254	1.7140	1.6681
17	1.4325	1.1588	1.0786	1.3656	1.6447	1.5680	1.3747

注：表中各年份指标值均为各城市群内功能分工指数的算术平均值，均值栏为各城市群2009~2014年功能分工指数的算术平均值。

四、实证分析结果报告

表6检验了城市功能分工对城市群产业效率的影响，我们报告了用系统广义矩阵（模型1）和差分广义矩阵（模型2）两种方法检验的结果，两个结果较为接近，下面我们就根据系统广义矩阵的检验结果进行分析（其余部分均同）。核心解释变量城市功能分工（fd）对城市全要素生产率（tfp）的影响符合我们的理论预期，其回归结果为正，且通过了1%以上的显著性水平检验。这表明城市群内部功能分工水平越高，越有利于城市群产业发展效率的提升。在控制变量方面，城市就业规模（emp）的系数为负，并且通过1%以上的显著性水平检验。这可能是因为当前我国城市中集聚了较大比重的低素质劳动力，这种劳动力集中的知识溢出和学习效应不明显，对城市人力资本提升不利。同时，劳动力规模越大也可能意味着城市中劳动密集型产业比重较高，而资本与技术密集型产业比重较低，这也不利于城市产业发展效率的提升。城市经济总量（gdp）的系数为正，但未通过显著性检验，未能证实城市规模对生产效率的正向促进作用。人力资本（human）的系数为正，并且通过了1%水平的显著性检验，与我们的理论预期一致，表明人力资本质量对城市产业发展效率具有非常明显的正向促进作用。固定资产投资（invest）的系数为正，并且在1%水平上显著，固定资产投资主要涉及基础设施、企业厂房、机器设备等方面的投资，这方面的投资越大，城市基础设施供给与企业的技术装备水平越高，也越有助于城市产业发展效率的提升。城市开放度（open）的系数为正，但不显著，表明实际利用外资水平对城市产业发展效率的影响不明显。公路密度（road）的系数为负，但不显著，表明城市公路网与产业发展效率没有显著的相关性。建成区面积率（area）的系数为负，但不显著。最后，城市产业发展也具有较强的路径依赖效应，当期的产业发展效率与上一期密切相关，滞后一期的tfp系数为正，且通过了1%的显著性水平检验，说明上一期产业发展效率较高的城市，当期的产业发展效率也较高。

表6　　　　　　　　城市功能分工对城市群全要素生产率的影响

变量	模型1 SYS-GMM	模型2 Diff-GMM
L.lntfp	0.8394***	0.5010***
lnfd	0.0104***	0.0090***
lngdp	0.0040	0.0056
lnemp	-0.0351***	-0.0329***
lnhuman	0.0070***	0.0082*
lninvest	0.0143***	0.0061
lnopen	0.0009	-0.0005
lnroad	-0.0011	0.0195***
lnarea	-0.0028	0.0115
常数项	0.0963***	0.3335***
观测数量	479	383
P	0.0000	0.0000
Art(1)检验P值	0.2640	0.2692
Art(2)检验P值	0.3453	0.4249
Sargan检验P值	0.4037	0.3504

注：***、**、*分别表示显著性水平为1%、5%和10%。

表7报告了地价扭曲对城市全要素生产率的影响。核心解释变量地价扭曲（ldist）对城市全要素生产率（tfp）的影响符合我们的理论预期，其回归结果为负，且通过了1%以上的显著性水平检验。这表明城市群内部地价扭曲程度越高，越不利于产业结构优化升级，城市群产业发展效率越低。在控制变量方面，城市经济总量（gdp）的系数为负，且在1%水平上显著。这个结果与现有文献普遍认为的"大城市通常具有较高生产效率"的结论不符。这可能是因为在我国通常大城市的地价扭曲程度更高，大城市商业用地与用房的价格与租金上涨幅度较大，这提高了服务业厂商在用地与用房上的支出，对生产性领域的投资形成了挤出效应，从而不利于城市服务业发展效率的提升。同时，对于工业企业而言，压低工业地价意味着对低效生产企业的补贴，地价上涨的压力得以释放，企业进行技术创新和设备改造的动力不足，部分相对低效率企业不从大城市撤出，导致大城市产业结构中低效率产出所占的比重降不下来。这两方面原因一道削弱了大城市的技术创新功能，产业的发展效率因此受到了负向的影响。城市就业规模（emp）的系数为正，但不显著。人力资本（human）的系数为正，并且通过了10%水平的显著性检验，与我们的理论预期一致，表明人力资本质量对城市产业发展效率具有正向促进作用。固定资产投资（invest）的系数为正，并且在1%水平上显著，固定投资对城市产业发展效率的促进作用再次得到了印证。城市开放度（open）的系数为正，但不显著，表明实际利用外资水平对城市产业发展效率的影响不明显。公路密度（road）的系数为正，且在1%水平上显著，表明交通基础设施的改善有助于城市产业发展效率的提升。建成区面积率（area）的系数为正，但不显著。最后，滞后一期的tfp系数为正，且通过了1%的显著性水平检验，说明上一期产业发展效率较高的城市，当期的产业发展效率也较高。

表7　　　　　　　　　地价扭曲对城市群全要素生产率的影响

变量	模型1 SYS-GMM	模型2 Diff-GMM
L.lntfp	0.8023***	0.3683***
lnldist	-0.0113***	-0.0161**
lngdp	-0.0181***	-0.0110*
lnemp	0.0016	0.0002
lnhuman	3.56E-05*	0.0082*
lninvest	0.0080***	0.0050
lnopen	0.0004	0.0002
lnroad	0.0093**	0.0254***
lnarea	6.94E-06	-0.0050
常数项	0.2016***	0.4352***
观测数量	479	383
P	0.0000	0.0000
Art(1)检验P值	0.2970	0.3625
Art(2)检验P值	0.1630	0.1286
Sargan检验P值	0.1088	0.8470

注：***、**、*分别表示显著性水平为1%、5%和10%。

表8同时检验了地价扭曲、功能分工以及两者的交互项对城市全要素生产率的影响，我们在方程中加入交互项的目的是为了检验功能分工对城市群全要素生产率的促进作用是否以及如何受到地价扭曲的影响。模型1为系统广义矩阵基准检验结果，模型2为加入了变量ldist2的差分广义矩阵检验结果，模型3是用变量ldist2替换了变量ldist的系统广义矩阵检验结果，模型4为不包含地价扭曲变量的差分广义矩阵回归结果。通过对比这四项回归结果，我们认为方程基本上是稳健的，下面我们根据模型1报告实证分析结

果。核心解释变量功能分工（fd）的系数为正，且在 1% 水平上显著，其对城市全要素生产率（tfp）的影响仍然符合我们的理论预期。另一个核心解释变量地价扭曲（ldist）对城市全要素生产率（tfp）的影响符合我们的理论预期，其回归结果为负，且通过了 5% 以上的显著性水平检验。这再次表明城市群内部地价扭曲程度越高，越不利于城市群产业结构优化升级。同时，值得注意的是，两个核心解释变量的交互项（ldist_fd）回归结果的系数为负，并且通过了 1% 以上的显著性水平检验。这表明在城市群内部，地方政府的地价扭曲行为削弱了城市功能分工对城市产业发展效率的正向促进效应，这进一步揭示了地价扭曲对城市群产业结构优化升级的不利影响。此外，从表 8 我们还可以看出，主要控制变量的回归结果与前面较为接近，再一次表明我们所设定的回归方程基本上是稳健的。城市经济总量（gdp）的系数为负，且在 1% 水平上显著。就业人数（emp）的系数为正，但不显著。人力资本（human）的系数为正，并且通过了 10% 水平的显著性检验。固定资产投资（invest）的系数为正，并且在 10% 水平上显著。城市开放度（open）的系数为正，但不显著。公路密度（road）的系数为正，且在 5% 水平上显著。建成区面积率（area）的系数为负，但不显著。最后，滞后一期的 tfp 系数为正，且通过了 1% 的显著性水平检验。

表 8　　　　　地价扭曲、功能分工对城市全要素生产率的影响

变量	模型 1 SYS–GMM	模型 2 Diff–GMM	模型 3 SYS–GMM	模型 4 Diff–GMM
L.lntfp	0.9126***	0.7349***	0.9033***	0.7045***
lnfd	0.0051***	0.0037*	0.0041**	0.0050**
lnldist	-0.0048**	-0.0036*		
lnldist_fd	-0.0062***	-0.0018*		
lnldist2		0.0017	-0.0007	
lnldist2_fd		-0.0049***	-0.0031	
lngdp	-0.0153***	-0.0003	-0.0172***	0.0004
lnemp	0.0026	-0.0009	0.0053**	-0.0030
lnhuman	0.0056*	0.0117***	-0.0013	0.0121***
lninvest	0.0033*	-0.0030	0.0047*	0.0003
lnopen	0.0017	0.0031***	0.0010	0.0023**
lnroad	0.0016**	0.0155***	-0.0010	0.0163***
lnarea	-0.0021	-0.0043	0.0023	-0.0101
常数项	0.1324***	0.1787***	0.1367***	0.1810***

续表

变量	模型 1	模型 2	模型 3	模型 4
	SYS-GMM	Diff-GMM	SYS-GMM	Diff-GMM
观测数量	479	383	479	383
P	0.0000	0.0000	0.0000	0.0000
Art(1) 检验 P 值	0.2932	0.2651	0.2960	0.2841
Art(2) 检验 P 值	0.1705	0.1948	0.1696	0.2238
Sargan 检验 P 值	0.1510	0.2840	0.1526	0.2685

注：***、**、* 分别表示显著性水平为 1%、5% 和 10%。

五、结论与政策含义

在当前土地制度框架内，我国各级地方政府出于自身的政绩目标与财政利益需要对城镇建设用地价格进行了干预。各级地方政府的干预使得城市工业、商业和住宅等不同用途的土地价格发生了扭曲，城市土地价格的变动偏离了市场均衡水平。这在一定程度上阻碍了不同城市之间的功能分工，从而对城市群产业效率产生不利影响。本文利用我国 17 个城市群数据所进行的实证分析得到了以下三点发现：第一，不同城市间的功能分工有助于城市群产业发展效率的提升。第二，作为一种隐性市场分割手段，地价扭曲在一定程度上抑制了城市群产业功能分工，不利于城市群产业效率的提升。第三，由于各级地方政府地价扭曲行为的存在，功能分工对城市群产业效率的正向促进作用也受到了削弱。上述发现具有重要的政策含义：我国城市群产业效率提升的关键在于消除包括地价扭曲在内的各种行政干预对区域市场一体化进程的影响，促进城市群内要素自由流动，深化不同城市间的功能分工。为此，今后有必要在以下几方面深化改革，促进城市群一体化发展。

第一，建立城市群发展规划协调机制。进行城市群以及各成员城市发展规划的统一编制，明确各城市功能分工和产业发展定位，促使各成员城市各类专项规划相互衔接。可探索在国家层面进行全国性的区域规划立法，一方面为各地区的区域规划立法提供上位法依据，另一方面也可对范围较大、需要跨省协调的重点城市群规划进行直接立法，提高规划的总体协调效果。鼓励各省级人大及其常委会制定地方性法规，强化对省内城市群发展的规划协调，用法治化手段保障城市群规划编制与实施的科学性和严肃性。

第二，建立城市群土地要素协调配置机制。在通过规划协调确定了各成员城市的功能定位和分工以后，就要通过土地要素协调配置机制确定各成员城市的土地利用水平，做到土地指标配置与城市产业和人口集中度相匹配，从而提升城市群土地开发的总体效率。要着力引导建设用地有序扩展，在确定城市群各成员新增建设用地供给数量时，应以需求引导和供给调节相结合，避免建设用地的盲目扩张，努力实现城市群区域开发与保护相统一。

第三，建立城市群行政管理协调机制。城市群一体化发展必然要求各成员城市要让渡部分行政管理权力交由城市群公共组织加以实施，以打破目前"行政区经济"的边界效应。我国目前的区域管理机构设置基本采用分立的职能部门模式，区域协调职能分散于中央或省级政府的许多部门，区域管理缺乏统一的制度安排，政策制定与实施的交易成本偏高。今后可以参考欧洲单一制国家的区域管理机构设置模式，在中央或省级政府层面设立专门的城市群区域管理协调机构，将目前分散于各职能部门的区域管理事务集中起来统一管理，提高城市群区域政策协调的效果。

第四，建立政府绩效联合考核机制。政绩联合考核机制也是实现城市群一体化发展的重要制度保障，通过联合考核破解制约城市群一体化发展的"辖区"政绩观和"任期"政绩观。今后应适当减少对单个成员经济发展指标的考核，适当增加对城市群宏观经济、产业发展、技术创新、产业效率等整体指标的考核，将上述城市群整体指标纳入对各成员的考核中去，并根据各成员的功能分工差别化地设置指标权重。同时，引入政府之外的独立第三方主体，如大学和研究机构等，加强对城市群各成员政绩的外部评估，提高政府绩效考评的客观性与独立性。

参 考 文 献

[1] 柴志贤、何伟财：《城市功能、专业化分工与产业效率》，载《财经论丛》2016年第11期。

[2] 陈建军、陈菁菁：《生产性服务业与制造业的协同定位研究——以浙江省69个城市和地区为例》，载《中国工业经济》2011年第6期。

[3] 范剑勇、邵挺：《房价水平、差异化产品区位分布与城市体系》，载《经济研究》2011年第2期。

[4] 费农·亨德森、马先标：《发展中国家的城市化》，载《经济社会体制比较》2014年第11期。

[5] 高波、陈健、邹琳华：《区域房价差异、劳动力流动与产业升级》，载《经济研究》2012年第1期。

[6] 贺灿飞、肖晓俊、邹沛思：《中国城市正在向功能专业化转型吗？——基于跨国公司区位战略的透视》，载《城市发展研究》2012年第3期。

[7] 柯善咨、赵曜：《产业结构、城市规模与中国城市生产率》，载《经济研究》2014年第4期。

[8] 李学鑫、苗长虹：《城市群产业结构与分工的测度研究——以中原城市群为例》，载《人文地理》2006年第4期。

[9] 陆铭、陈钊：《分割市场的经济增长》，载《经济研究》2009年第3期。

[10] 骆玲、史敦友：《单中心城市群产业分工的演化规律与实证研究——以长三角城市

群与珠三角城市群为例》，载《南方经济》2015 年第 3 期。
[11] 齐讴歌、赵勇：《城市群功能分工的时序演变与区域差异》，载《财经科学》2014 年第 7 期。
[12] 邵挺、范剑勇：《房价水平与制造业的区位分布——基于长三角的实证研究》，载《中国工业经济》2010 年第 10 期。
[13] 孙久文、原倩：《我国区域政策的"泛化"、困境摆脱及其新方位找寻》，载《改革》2014 年第 4 期。
[14] 苏红键、赵坚：《产业专业化、职能专业化与城市经济增长》，载《中国工业经济》2011 年第 4 期。
[15] 谭锐、赵祥、黄亮雄：《高房价下的制造业转移：城市间还是城市内？》，载《经济学报》2015 年第 6 期。
[16] 王猛、高波、樊学瑞：《城市功能专业化的测量和增长效应：以长三角城市群为例》，载《产业经济研究》2015 年第 6 期。
[17] 王珺、万陆、杨本建：《城市地价与产业结构的适应性调整》，载《学术研究》2013 年第 10 期。
[18] 王贤彬：《土地出让与产业发展》，载《经济管理》2014 年第 1 期。
[19] 王小鲁：《中国城市化路径与规模的经济学分析》，载《经济研究》2010 年第 10 期。
[20] 魏后凯：《大都市区新型产业分工与冲突管理——基于产业链分工的视角》，载《中国工业经济》2007 年第 2 期。
[21] 吴延瑞：《生产率对中国经济增长的贡献：新的估计》，载《经济学（季刊）》2008 年第 3 期。
[22] 宣烨、余泳泽：《生产性服务业层级分工对制造业效率提升的影响——基于长三角地区 38 城市的经验分析》，载《产业经济研究》2014 年第 3 期。
[23] 杨亚平、周泳宏：《成本上升、产业转移与结构升级——基于全国大中城市的实证研究》，载《中国工业经济》2013 年第 7 期。
[24] 袁志刚、绍挺：《土地制度与中国城市结构、产业结构选择》，载《经济学动态》2010 年第 12 期。
[25] 张若雪：《从产品分工走向功能分工：经济圈分工形式演变与长期增长》，载《南方经济》2009 年第 9 期。
[26] 周飞舟：《分税制十年：制度及其影响》，载《中国社会科学》2006 年第 6 期。
[27] 赵祥、曹佳斌：《地方政府"两手"供地策略促进产业结构升级了吗——基于 105 个城市面板数据的实证分析》，载《财贸经济》2017 年第 7 期。
[28] 赵勇、白永秀：《中国城市群功能分工测度与分析》，载《中国工业经济》2012 年第 11 期。
[29] 赵勇、魏后凯：《政府干预、城市群空间功能分工与地区差距——兼论中国区域政策的有效性》，载《管理世界》2015 年第 8 期。
[30] Abdel-Rahman, H. M. and Anas, A., 2004: Theories of Systems of Urban. In Henderson, J. V. and Thisse, J. F. (eds.) *Handbook of Regional and Urban Economics*, Vol. 4. Amsterdam: Elsevier.
[31] Beyers, W. B., 1993: Producer Service, *Progress in Human Geography*, Vol. 22, No. 2.

[32] Coffey, W. J. and McRae, J. J., 1990: *Service Industries in Regional Development*, Montreal: Institute for Research on Public Policy.

[33] Duranton, G. and Puga, D., 2001: Nursery Cities: Urban Diversity, Process Innovation, and the Life-cycle of Products, *American Economic Review*, Vol. 91, No. 5.

[34] Duranton, G. and Puga, D., 2004: Microfoundations of urban agglomeration economies. In Henderson, J. V. and Thisse, J. F. (eds.) *Handbook of Regional and Urban Economics* Vol. 4. Amsterdam: Elsevier.

[35] Duranton, G. and Puga, D., 2005: From Sectoral to Functional Urban Specialization, *Journal of Urban Economics*, Vol. 57, No. 2.

[36] Gill, I. S. and Kharas, H., 2007: An East Asian Renaissance: Ideas for Economic Growth. *International Bank for Reconstruction and Development/World Bank*.

[37] Glaeser, E., 2007: The Economics Approach to Cities, *NBER working paper*, No. 13696.

[38] Glaeser, E., Kallal, H. D., Scheinkman, J. A., and Shleifer, A., 1992: Growth in Cities, *Journal of Political Economy*, Vol. 100, No. 6.

[39] Gillespie, A. E. and Green, A. E., 1987: The Changing Geography of Producer Services Employment in Britain, *Regional Studies*, Vol. 21, No. 5.

[40] Hall, R. E. and Jones, C. I., 1999: Why do Some Countries Produce So Much More Output Per Worker than Others? *The Quarterly Journal of Economics*, Vol. 114, No. 1.

[41] Henderson, J. V., 2009: Urbanization in China: Policy Issues and Options, *Report for China Economic Research and Advisory Program*.

[42] Henderson, J. V., Kuncoro, A., and Turner, M., 1995: Industrial Development in Cities, *Journal of Political Economy*, Vol. 103, No. 5.

[43] Henderson, J. V., Shalizi, Z., and Venables, A. J., 2001: Geography and Development, *Journal of Economic Geography*, Vol. 2456, No. 1.

[44] Illeris, S. and Sjoholt, P., 1995: The Nordic Countries: High Quality Services in a Low Density Environment, *Progress in Planning*, Vol. 43, No. 3.

[45] Lucas, L. E., 1988: On the Mechanics of Economic Development, *Journal of Monetary Economics*, Vol. 22, No. 1.

[46] Melo, P. C., D. J. Graham, and R. B. Noland., 2009: A Meta – Analysis of Estimates of Urban Agglomeration Economies, *Regional Science and Urban Economics*, Vol. 39, No. 3.

[47] Moretti, E., 2004: Human Capital Externalities in Cities. In Henderson, J. V. and Thisse, J. F. (eds.) *Handbook of Regional and Urban Economics*. Vol. 4, Amsterdam: Elsevier.

[48] Pflüger, M. and Tabuchi, T., 2010: The Size of Regions with Land Use for Production, *Regional Science and Urban Economics*, Vol. 42, No. 6.

[49] Richardson, H., 1987: The Costs of Urbanization: a Four-country Coparison, *Economic Development and Cultural Change*, Vol. 35, No. 3.

Land Price Distortion, Functional Division and the Industrial Efficiency of Urban Agglomeration

Xiang Zhao   Jiabin Cao

Abstract: Based on the empirical analysis of 17 urban agglomerations in China, this paper finds that the division of urban function helps to improve the industrial efficiency of urban agglomerations. As a new hidden market segmentation method, the land price distortion is not conducive to improving industrial efficiency of urban agglomerations. Moreover, due to the distorted land pricing behavior of local governments, the positive effect of urban functional division on the industrial efficiency of urban agglomerations is also somewhat weakened. The above findings indicate that government intervention leads to distortions in land prices for different uses such as industry, commerce and housing in China's cities, affecting the flow of factors based on market mechanisms, inhibiting the functional division between cities, and thus adversely affecting the upgrading process of the industrial structure of urban agglomerations. Therefore, the key to increase industrial efficiency of urban agglomerations in China lies in eliminating the influence of various administrative interventions, including land price distortion on the process of regional market integration and deepening the functional division among different cities.

Key Words: Land Price Distortion   Functional Division   Urban Agglomerations   Total Factors' Productivity

JEL Classification: P25   R11

附录：

2014年城市关键变量原始数据

city 城市	tfp 城市全要素生产率	ldist 地价扭曲（商业地价与工业地价比）	ldist2 地价扭曲2（住宅地价与工业地价比）	fd 城市功能分工指数	city 城市	tfp 城市全要素生产率	ldist 地价扭曲（商业地价与工业地价比）	ldist2 地价扭曲2（住宅地价与工业地价比）	fd 城市功能分工指数
北京	0.84	3.18	4.01	5.81	淮南	0.76	2.43	2.29	1.14
天津	0.91	1.72	1.44	0.85	淮北	0.75	1.13	1.50	2.51
石家庄	0.84	2.41	3.07	0.67	福州	0.86	1.17	1.04	1.79
唐山	0.89	4.01	4.97	7.53	厦门	0.87	0.87	0.80	1.05
秦皇岛	0.82	2.46	2.44	3.38	泉州	0.91	2.48	1.84	3.57
邯郸	0.82	4.43	6.46	8.28	南昌	0.79	1.60	1.22	0.87
保定	0.82	2.23	2.14	8.62	九江	0.80	1.60	1.22	0.87
张家口	0.78	3.64	6.76	3.94	济南	0.88	1.03	1.07	2.54
廊坊	0.83	1.96	2.37	6.53	青岛	0.89	2.03	1.35	1.52
太原	0.79	0.56	0.58	2.27	淄博	0.89	2.04	1.80	3.60
大同	0.67	0.56	0.58	2.27	枣庄	0.86	1.96	1.68	3.45
呼和浩特	0.92	0.66	1.03	3.56	烟台	0.88	0.74	0.53	1.82
包头	0.91	0.66	1.03	3.56	潍坊	0.86	1.67	1.60	2.26
沈阳	0.82	1.04	1.34	1.37	济宁	0.88	2.91	2.23	2.72
大连	0.85	1.48	1.28	1.40	泰安	0.86	1.13	0.72	3.03
鞍山	0.85	1.81	1.69	1.42	临沂	0.86	2.18	1.99	2.09
抚顺	0.83	1.54	1.23	1.79	郑州	0.01	0.93	1.71	1.43
本溪	0.84	2.09	1.60	1.47	开封	0.79	1.41	1.51	
丹东	0.80	0.68	0.88	1.04	洛阳	0.83	0.89	1.54	0.92
锦州	0.85	1.10	1.21	1.03	平顶山	0.80	0.94	1.72	1.56
阜新	0.83	1.01	1.16	1.61	安阳	0.80	1.30	3.09	1.88
辽阳	0.86	1.66	1.70	1.49	新乡	0.75	0.76	1.19	2.11

续表

city 城市	tfp 城市全要素生产率	ldist 地价扭曲（商业地价与工业地价比）	ldist2 地价扭曲2（住宅地价与工业地价比）	fd 城市功能分工指数	city 城市	tfp 城市全要素生产率	ldist 地价扭曲（商业地价与工业地价比）	ldist2 地价扭曲2（住宅地价与工业地价比）	fd 城市功能分工指数
长春	0.86	2.25	3.01	0.97	焦作	0.81	0.91	1.93	1.11
吉林	0.86	3.58	1.98	1.76	武汉	0.87	2.64	2.67	1.66
哈尔滨	0.79	2.89	2.45	1.61	黄石	0.83	3.63	3.38	2.34
齐齐哈尔	0.81	2.75	3.33	0.49	宜昌	0.85	1.89	2.05	1.18
鸡西	0.78	1.53	2.32	1.30	襄阳	0.87	3.19	3.47	2.26
鹤岗	0.57	3.22	3.72	2.31	荆州	0.82	2.46	2.31	1.50
大庆	0.91	2.37	1.57	1.07	长沙	0.86	0.89	1.16	1.26
伊春	0.52	5.23	5.29	0.85	株洲	0.84	0.72	1.11	1.96
佳木斯	0.83	3.28	3.45	0.72	湘潭	0.82	1.07	1.04	0.63
牡丹江	0.83	1.86	3.37	0.64	衡阳	0.86	1.35	1.97	1.65
上海	0.88	1.88	2.67	5.18	岳阳	0.87	0.62	0.86	1.79
南京	0.87	1.89	3.06	1.93	广州	0.92	3.93	5.67	7.14
无锡	0.90	1.36	2.41	5.38	深圳	0.93	1.13	1.90	2.67
徐州	0.87	1.41	1.34	4.83	珠海	0.85	1.02	1.40	1.72
常州	0.89	1.55	1.96	4.73	汕头	0.88	2.63	3.90	5.42
苏州	0.90	2.25	3.45	7.13	佛山（顺德）	0.91	1.59	2.24	7.81
南通	0.86	3.15	3.07	11.75	湛江		1.83	4.07	2.25
扬州	0.87	2.60	3.12	8.11	东莞	0.91	1.70	2.10	12.17
杭州	0.87	3.38	4.22	1.75	中山	0.89	1.80	6.46	8.43
宁波	0.89	3.28	3.25	1.64	南宁	0.80	0.94	0.62	1.85
温州	0.88	3.60	4.40	1.71	柳州	0.82	0.74	0.59	1.98
嘉兴	0.86	4.12	8.39	2.04	北海	0.81	1.44	0.66	1.31
湖州	0.85	2.48	4.42	1.84	重庆	0.74	0.35	0.32	1.21
合肥	0.80	1.45	1.73	1.76	成都	0.75	1.35	0.88	2.16
芜湖	0.84	0.99	1.39	0.94	南充	0.84	0.56	0.42	1.46
蚌埠	0.80	2.59	2.22	0.69	宜宾	0.87	1.55	1.01	1.44

产品异质性、生产率与企业出口目的地

邢 洁 刘国亮[*]

摘 要: 采用中国制造业部分行业企业层面的生产和贸易数据,分析验证了产品异质性、生产率与企业出口目的地之间的关系。将全样本数据根据中国主要出口目的地划分为美国/加拿大、欧盟、日本/韩国以及亚洲其他国家四个分组,进行分组估计和对比分析。研究结果表明,出口目的地为美国/加拿大和日本/韩国,产品异质性和生产率对企业出口额和市场份额的影响都很重要;出口目的地为欧盟各国,产品异质性相对生产率对企业出口额和出口市场份额的影响更大;出口目的地为亚洲其他国家,生产率的相对重要性更为显著。

关键词: 出口目的地 产品异质性 生产率 分组估计

一、引 言

近年来,中国劳动力成本不断攀升,加之来自周边国家(例如印度、马来西亚、泰国以及越南等)的竞争,造成成本优势减弱。根据牛津经济研究院(Oxford Economics)2016年3月的研究报告,中国制造业的劳动力成本已经接近美国,中国单位劳动力成本只比美国低4%。这主要是因为中国制造业年度平均工资从2010年以来增加了约80%。2017年《中国企业—劳动力匹配调查报告》显示,印度工人的月平均工资为136美元、马来西亚为538美元、泰国为438美元、越南为206美元,而中国为650美元。尽管不同的统计部门和口径得到的结果不尽相同,但有一点是共同的,就是中国劳动力成本优势在逐渐减弱。同时,与部分发达国家相比,中国制造业产品的质量、性能和口碑等仍有一定差距,中国作为出口大国,享誉世界的品牌却寥寥无几,很多行业产品仍然以价格低、质量次为特点,部分出口目的国也经常用产品质量标准等对中国产品出口加以限制。因此,提高生产率降低产

---

[*] 本文受国家社科基金重大项目"供给侧结构改革、异质性消费者行为与经济增长"(17ZDA038)资助。
感谢匿名审稿人的宝贵意见!
邢洁:山东大学经济学院;地址:山东省济南市山大南路27号,邮编:250100;Email:xingjie1213@163.com。
刘国亮:山东大学经济学院;地址:山东省济南市山大南路27号,邮编:250100;Email:glliu@sdu.edu.cn。

品成本和加强产品质量、功能以及口碑等方面的产品特性都是中国出口企业生产决策的核心问题。然而,不同的出口目的地代表着不同的运输成本、市场环境和消费偏好,针对不同的出口目的地,企业的生产决策是否可以有所侧重,比如,对出口目的地为美国和加拿大的企业来说,应该更倾向于降低产品成本形成价格优势,还是首先考虑加强产品特性提高产品品质?本文围绕这个问题展开探索,基于不同的出口目的地,就中国出口企业进行对比分析,考察产品异质性和生产率的相对重要性。

出口目的地的市场规模、关税、运输成本以及竞争程度等所有国家层面的因素都可能对企业出口盈利能力产生重要的影响(Roberts et al.,2018)。出口目的地的市场规模,很大程度决定了企业是否对该目的地进行出口以及出口多少等企业出口的关键问题。目标市场规模较大,意味着有较好的出口前景,企业出口盈利的可能性增加,同时,也意味着企业面临较为激烈的竞争和潜在竞争,企业出口成功与否面临更多的挑战。出口目的地的关税和运输成本水平的高低影响着出口企业利润率的大小,出口目的地的关税或者运输成本过高甚至会使得企业放弃进入或退出该市场。出口目的地贸易限制政策多种多样,并不仅限于关税,有关贸易政策限制程度的度量也是国际贸易理论的一个重要问题。另外,出口目的地的人均收入水平、年龄结构以及文化习俗等方面也对企业出口什么样的产品以及价格决策等发挥着重要作用。人均收入水平较高国家的消费者往往对产品质量的要求也较高,人均收入水平较低国家的消费者更倾向于价格低廉的产品。出口目的地消费群体的年龄结构和文化习俗等因素决定了市场消费偏好,决定了市场对产品有更多个性化的追求还是更为同质化的要求。除此之外,出口目的地的制度环境、道德水平也与企业出口产品质量有着密切的关系(祝树金等,2019)。然而,上述出口目的地诸多因素,其中很多因素缺乏统一准确的衡量标准,并且这些因素相互之间存在一定的相关性,因此对出口目的地特点的全面考察不能仅仅依赖于纳入更多的因素。为解决这一问题,本文将样本数据按照出口目的地进行分组,对每个出口目的地的样本企业进行参数估计,然后对比各组估计结果,一方面可以避免由于出口目的地特点涵盖不全导致的偏差,另一方面也可以充分考虑出口目的地对产品异质性与生产率在企业出口绩效中相对重要性的影响。这一过程对数据有较高的要求,并且需要较为烦琐的数据处理工作,因此并没有被大多数已有文献采用。本文参照 Roberts et al.(2018),对企业出口目的地进行了较为细致的划分。

二、文 献 综 述

关于产品异质性和生产率在企业出口绩效中相对重要性的已有文献并不是很多。Aw and Lee(2014)区分并同时引入企业产品异质性和生产率异质性考察了这两者对企业出口决策的影响,发现企业出口决策依赖于企业的生产率、目标市场消费者对企业产品的需求偏好以及建立国外销售网络的固定成本等因素。其中,产品异质性和生产率异质性在企业出口决策中的相对重要性与企业组织形式(出口或者对外直接投资)等有关。Gervais(2015)考察美国制造业部门生产数据发现,产品异质性与生产率在解释企业出口模式中同样发挥了重要作用。Redding and Weinstein(2016)提出了一种CES偏好假设下估计产品质量差异的方法,允许单个产品的需求冲击,对产品之间的替代弹性进行反向加权,并且为参数的真实值设定上下界。研究发现在影响企业规模的因素中,产品质量相对于生产率更为重要。Hottman et al.(2016)利用美国42个城市商品的条形码和销量建立了一个结构模型,基于需求方程和价格方程来估计产品异质性和边际成本,考虑了产品异质性的影响,其中50%~70%的企业出口规模差异可以由产品异质性来解释、不到25%由边际成本的差异来解释。Aw and Lee(2017)以中国台湾部分制造业企业生产和贸易微观数据为样本,使用两阶段最小二乘法估计企业需求函数,通过所得残差构造需求指数(Index of Demand)来衡量产品异质性,在两阶段最小二乘法估计中选择同行业其他企业平均生产率为工具变量。研究发现市场需求弹性较小、成本弹性较小,产品异质性相对生产率在企业出口决策中的影响更为显著。Roberts et al. (2018)建立了代表产品异质性的需求指数,通过贝叶斯马尔可夫链蒙特卡罗(Bayesian MCMC)方法完成,还同时估计了边际成本和固定成本异质性指数。对中国制鞋业2002~2006年企业层面面板数据进行估计,得到在某些情况下产品异质性的相对重要性更强,比如欧盟取消从中国进口的鞋类配额后,产品异质性在企业海外扩张中更为重要。施炳展(2014)使用2000~2006年微观数据估计了中国制造业企业的产品质量,选择企业在其他市场出口产品的平均价格作为该企业在某一市场出口产品价格的工具变量。研究结果表明,产品质量在本土企业出口中发挥了更重要的作用。邢洁、刘国亮(2019)采用Aw and Lee(2017)的方法估计了中国12个制造业行业企业层面的产品异质性,采用Levinsohn and Petrin(2003)方法估计得到企业层面全要素生产率,发现需求弹性越小,与生产率相比,产品异质性对企业出口市场份额的正向影响更为明显。

  已有国外文献中有关出口目的地的划分主要基于人均收入水平:高收入国家和低收入国家。Manova and Zhang(2012)采用中国贸易流动的海关数据,考察企业出口价格和出口目的地之间的关系发现:企业针对与中国双边关系更久远、市场规模更大、更加富裕以及地理距离适中的出口目的地,往往投入更昂贵的原材料和中间投入生产质量更好的产品,制定更高的价格,获得更大的收入。Crinò and Epifani(2012)将企业生产产品质量异质性和目标市场消费产品质量异质性引入异质性企业贸易模型,基于意大利企业生产和出口的相关信息,发现意大利企业生产率和产品质量与企业在低收入水平出口目的地的市场份额呈负相关，建议生产产品质量较高的企业应该选择收入水平较高的市场作为出口目的地。Schmeiser（2012）建立了一个动态一般均衡模型，利用俄罗斯企业层面数据，发现很大一部分出口增长是由于现有出口商进入新的出口目的地，新出口商往往选择与其具有相似市场特征的市场作为出口目的地。Amador and Opromolla（2013）基于1995~2005年葡萄牙企业出口贸易数据，分析了不同利润率下出口额增长率以及多产品、多出口目的地的企业对其出口组合的选择决策，发现企业倾向于将其重要性最高的产品销往其首要出口目的地。Liu et al.（2015）基于中国企业生产和进出口的微观数据，研究企业出口目的地变化对企业生产率影响发现：与一直出口产品到发展中国家的企业相比，那些出口目的地从发展中国家转变成发达国家的企业生产率提高显著；在出口目的地转变过程中，私营企业和多产品企业生产率提高幅度更大。Irene and Guido（2016）将出口目的地的收入水平和出口国平均工资联系起来，基于跨国面板数据，采用平均单位价值衡量产品质量，发现出口到高收入水平国家的产品往往质量较高，出口目的地为高收入水平国家的行业工资也普遍较高。Pan and Nguyen（2018）以东盟为例，研究了出口目的地与经济增长之间的关系，探讨哪些出口目的地是最理想的，实证结果显示，西方工业国是东盟企业最理想的出口目的地，其次是日本、韩国和中国。Wang et al.（2019）利用中国制造业1995~2008年行业数据，以行业内出口份额为权重构建出口目的地的加权人均收入，研究了出口目的地平均收入与技能溢价之间的关系，发现向高收入目的地出口更多的行业往往支付更高的技能溢价。

国内学者在考察中国企业生产率或产品质量与出口目的地关系的研究中，主要基于出口目的地对生产率或产品质量影响，或者是生产率或产品质量对企业出口目的地选择的影响。李方静（2014）以2005~2006年中国制造业企业微观数据为样本，发现企业生产率越高、产品质量越高，越倾向于以高收入国家为出口目的地。其中，产品质量由研发密度、新产品贡献率以及研发过程投入三个变量相加得到。刘斌等（2015）通过考察出口目的地转变对企业生产率的影响发现：企业将出口目的地从发展中国家转到发达国家后，生产率得到了大幅提高，出口目的地会影响企业生产率。曹亮等（2016）基于2000~2006年中国农产品企业层面出口数据考察中国与其他国家建交时间对企业出口目的地的影响，表明中国建交时间越长的国家越容易成为出口目的地。谭赛月明等（2017）通过异质性企业贸易模型的理论推导和中国微观企业贸易数据的经验分析发现：企业生产率越高，高收入国家出口占比越高。吴腊梅、李艳军（2017）采用2000~2006年中国农产品出口企业微观数据考察了出口目的地对农产品出口企业生产率的影响，发现农产品出口到高收入国家份额越多，企业生产率越高。朱晟君等（2018）通过构建城市—产品—出口目的地尺度的平衡面板数据发现：对于与中国经济、地理或制度差异较大的出口目的地，外资企业对内资企业有更强的溢出效应。祝树金等（2019）从出口目的地非正式制度的角度出发，发现出口目的地平均道德水平越高越有利于企业出口到该地更高质量的产品。

本文的创新在于将产品异质性和生产率在企业出口中的相对重要性与企业出口目的地相联系，从而根据不同海外目标市场为企业生产决策提出建议。参照 Roberts et al.（2018）对中国制鞋业产品出口目的地的划分，本文根据中国各出口目的地在出口总额中的比重，将中国企业产品主要出口目的地分为美国/加拿大、欧盟、日本/韩国以及亚洲其他国家。

三、理论作用机制

产品异质性是指同类产品之间存在的差异，例如质量、功能、外观设计以及品牌等。在解释国际产业内贸易现象的相关理论中，产品异质性可以被分成两种类型，即水平差异和垂直差异。垂直差异主要指在质量方面的差异，水平差异主要指外观设计、规格等方面的差异。本文的产品异质性包含了水平差异和垂直差异。在解释企业出口绩效时，产品异质性发挥了重要作用。通常，企业出口绩效的绝对量可以由企业出口额来衡量，企业出口绩效的相对量可以由企业在出口目的地的市场份额来衡量。与同类产品价格相同的情况下，产品质量越好、功能越强、外观设计越独特或者品牌知名度越高，出口销量也就越大，出口额和出口市场份额也就越大。然而，产品质量越好、功能越强、外观设计越独特或者品牌知名度越高，这往往意味着需要更好的原材料、更多的研发投入或者更多的广告投入，产品价格也随之提高，产品特性加强伴随的价格提高对企业出口市场绩效的影响比较复杂，而对这一影响的分析不能是孤立的，要结合目标市场的特点，也就是企业出口目的地。出口目的地的市场规模、人均收入水平、关税等贸易政策、与出口国的相对地理位置甚至文化习俗等都影响着企业在该出口目的地的出口规模、利润率以及所面临的需求弹性。对于人均收入水平较高、消费者对个性化要求较高的海外市场，往往需求弹性较小，产品质量、功能、外观以及知名度等产品特性加强带来的价格升高并不会导致销量的大幅度减少，甚至可以吸引到更多消费者，从而实现企业出口额和出口市场份额的增加。相反，如果企业面临的海外市场人均收入水平较低、消费者偏好较为同质化，需求弹性也就较大，尽管产品特性得到加强，价格提升仍然会导致销量减少，即使可以吸引到新消费者也很难补偿原有消费者丢失造成的出口额和出口市场份额的减少。对于那些关税和运输成本较高的海外市场，特别是实行从价税制度、运输成本与价格成比例的情况下，价格升高造成的出口销量减少会更加明显。因此，产品异质性与出口目的地诸多因素通过共同作用对企业出口额和出口市场份额产生影响，产品异质性在不同出口目的地对企业出口绩效影响结果存在差异。

在异质性企业贸易理论中,生产率通常以倒数形式出现,反映企业生产成本:生产率越高,企业生产成本越低;生产率越低,企业生产成本越高。在价格竞争激烈的市场,企业通过不断提高生产率降低生产成本,形成并保持价格优势。在价格水平一定的市场,企业通过提高生产率降低生产成本,获得较高的利润率。异质性企业贸易理论的核心观点之一就是与生产率异质性有关的选择效应:生产率越高的企业越容易出口,生产率较低的企业只能被局限在国内市场,生产率最低的企业退出市场。与产品异质性类似,生产率对企业在出口目的地出口额和出口市场份额的影响并不是孤立的,与出口目的地本身诸多特点共同作用于企业出口绩效。对于人均收入水平较低、偏好比较单一的出口目的地,具有较高生产率的企业可以通过制定比竞争对手更低廉的价格增加出口销量,并且由于较低的成本可以保证企业较高的出口额和出口市场份额。对于人均收入水平较高、偏好多样化的出口目的地,低成本的优势被削弱,只是价格低廉并不能得到消费者的青睐,甚至完全不能满足追求高质量消费体验的消费群体。对于关税和运输成本较高的出口目的地,尤其按照价格一定比例计算关税和运输成本的目标市场,高生产率低成本带来的价格优势将被扩大,生产率对企业在出口目的地出口额和出口市场份额的影响也就增加。那些对进口产品质量、规格甚至商标等有严格要求的海外市场,低成本的优势不仅被削弱,甚至无法进入该市场。因此,生产率与出口目的地经济、地理、人文以及与出口国外交关系等一系列因素共同影响着企业在目标市场出口额和出口市场份额的大小。

主要变量之间的作用机制如图 1 所示。企业出口绩效的衡量指标有很多,本文主要考察企业出口额和企业出口市场份额两个指标,因此,图 1 企业出口额和企业出口市场份额包含在企业出口绩效之中。从上述分析中还可以得出:产品异质性和生产率对企业出口绩效作用的相对重要性与出口目的地特征有关。与人均收入水平较低、关税较高、消费偏好高度同质化的出口目的地相比,在人均收入水平较高、关税等贸易政策较友好、消费偏好较为多元化的出

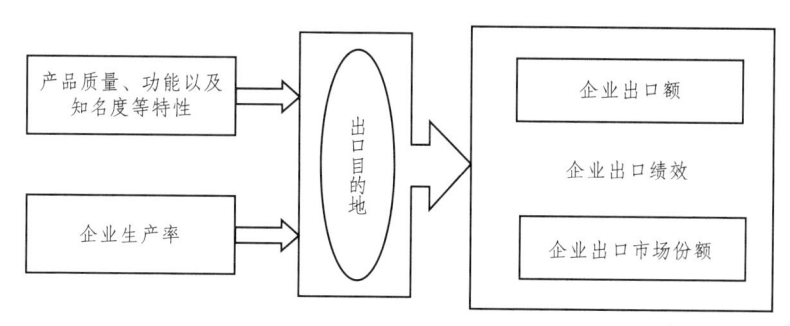

图 1 主要变量之间的作用机制

口目的地,产品异质性对企业出口绩效的影响相对更大。反之,与经济较发达、关税等贸易成本较低的海外市场相比,在经济欠发达、关税等贸易成本较高的海外市场,生产率对企业出口额和出口市场份额的相对影响更大。

根据以上理论分析,主要得到三个假说。第一,产品异质性和生产率通过与出口目的地共同作用对企业出口额和出口市场份额都有着重要影响:产品特性越强、生产率越高,企业出口额和出口市场份额越大。第二,产品异质性和生产率对企业出口绩效影响的相对重要性与出口目的地特点有关。第三,对于出口目的地不同的企业,产品异质性和生产率对其出口绩效的影响效果表现出差异化。本文采用中国主要出口行业的企业数据对这三个假说进行验证。

四、实 证 分 析

(一)计量模型

为了验证理论部分提出的假说,考察中国出口企业在不同出口目的地出口绩效中产品异质性和生产率的相对重要性,建立如下计量模型:

$$\ln(y_{itd}) = \beta_{d0} + X'_{it}\beta_d + \varepsilon_{itd} \tag{1}$$

其中,y_{itd}为企业 i 在时间 t 出口到目的地 d 的出口额或者出口市场份额,分别以出口额和出口市场份额作为被解释变量进行考察。出口额是企业在出口目的地的出口绝对量,反映企业出口规模;出口市场份额是企业在出口目的地的出口相对量,反映企业在目标市场的竞争力。X'_{it}是企业特征向量,包括企业需求指数、全要素生产率和企业规模等。除本文重点考察的反映产品异质性的需求指数和全要素生产率之外,解释变量还纳入了企业规模,企业规模由资本存量衡量。资本存量作为企业规模的衡量指标,反映企业克服在国外市场销售的额外成本的能力,影响着企业的出口参与决策。产品异质性和生产率对企业在目标市场出口表现的影响可能与市场结构特点有关,产品异质性和生产率的作用可能随着市场产品差别程度的不同而发生变化,因此,选取反映市场产品差别程度的需求弹性,解释变量中纳入产品异质性和生产率与其在企业出口表现中的交互作用,考察产品异质性和生产率对企业出口表现影响对市场结构特点的依赖程度。ε_{itd}为符合独立同分布的出口冲击。另外,还加入了年份虚拟变量和行业虚拟变量。

当被解释变量为企业出口额时,采用海关交易数据提供的出口额信息。尽管已经在数据处理过程中把月度数据加总成年度数据,但海关交易数据提供的是某种产品(属于某个企业)在某个出口目的的出口额,因此对于出口多种产品的企业,需要将其所有出口产品种类进行加总。

当被解释变量为企业在出口目的地的市场份额时,对于出口产品种类单一（出口目的地为 d）的企业，其标准化处理后的市场份额为：$y_{itd} = \dfrac{\tilde{s}_{itd}}{s_{itdo}}$，其中 $\tilde{s}_{itd}$ 为企业 i 在时间 t 出口到目的地 d 未经标准化处理的市场份额，s_{itdo} 为企业 i 在时间 t 出口到目的地 d 市场份额的标准化单位。标准化单位的选取参照 Roberts et al. (2018)，以所包含观测值占所属行业观测值约十分之一的产品种类或产品种类组合为基准产品，基准产品的市场份额即为标准化单位。对于出口多种产品的企业，以每种产品占所有产品出口额比重为权重进行加权平均，即 $y_{itd} = \sum\limits_{j} \dfrac{r_{itdj}}{\sum\limits_{j} r_{itdj}} \dfrac{\tilde{s}_{itd}^{j}}{s_{itdo}^{j}}$，其中 r_{itdj} 为企业 i 在时间 t 出口到目的地 d 的第 j 中产品的出口额。

有关解释变量的符号有以下几点预测：

1. 需求指数

需求指数用来衡量产品异质性，反映产品在质量、功能、外观以及口碑等产品特性方面的差异。需求指数越高，产品特性越强；需求指数越低，产品特性越弱。在产品价格给定的情况下，企业所生产的产品质量越好、功能越强大、外观设计越新颖或者口碑越好，企业在出口目的地的出口额和出口市场份额也就越大，因此，预测需求指数系数符号为正。

2. 全要素生产率

已有研究中，部分学者认为中国出口企业存在"生产率悖论"，在对生产率估计方法进行不断完善的过程中，更多的研究发现"生产率悖论"并不存在。另外，有关"生产率悖论"的解释与企业贸易方式有关，即加工贸易导致了"生产率悖论"，然而，本文样本数据中一般贸易企业占大多数。因此，预测全要素生产率系数符号为正，企业生产率越高，企业在出口目的地的出口额和出口市场份额越大。

3. 企业规模

企业规模越大，研发和生产能力越强，资金越充足，抵御各种风险的能力也就越强。在海外市场进入和进一步扩张过程中，规模较大的企业，能够承受较高的市场进入成本。大量研究表明，企业规模与企业绩效存在显著的正相关关系。因此，预测企业规模系数符号为正。

4. 需求指数与需求弹性乘积项

需求弹性反映市场产品差别程度，产品差别程度越高的市场，产品之间替代性越小，市场对产品特性要求也就越高；产品趋同的市场，产品之间具有高度替代性，市场对产品特性要求较低。由于需求指数和需求弹性高度负相关，为避免多重共线性，本文模型没有单独引入需求弹性，而是将需求弹性与需求指数的乘积项作为其中一个解释变量，并且，预测该解释变量系数符号为负。

5. 全要素生产率与需求弹性乘积项

需求弹性越大，产品之间替代性越强，在产品高度同质化的市场，提高生产率降低成本有利于产品形成价格优势，对企业出口额和出口市场份额有正效应，因此，全要素生产率与需求弹性乘积项系数符号预测为正。

（二）数据说明

本文的估计采用了两套微观数据，一套企业层面，一套产品层面。企业层面的数据来自中国国家统计局对中国工业企业的年度调查，产品层面的数据来自中国海关总署编制的中国海关交易统计数据库。为了获得企业出口目的地信息，还采用了联合国商品贸易统计数据库（UN Commodity Trade Statistics Database）的部分数据。按照余淼杰（2010）以及 Upward et al. (2013) 的方法对数据进行清理和匹配，得到中国制造业企业 2000~2006 年生产和贸易的完整信息。

1. 行业选择

根据中国制造业行业出口额占制造业出口总额比重，本文选择服装、除服装外的纺织制品、化纤制品、鞋帽、家具、玩具、塑料橡胶制品、陶瓷玻璃、机电音像设备、运输设备、光学医疗等仪器以及化学产品等 12 个行业，共 100538 条观测值。表 1 提供了所选制造业行业的行业描述和所包含产品类别的 HS 编码。

表 1　　　　　　　　　　　　所选行业描述

行业	描述	HS 编码
服装	服装及其配件，针织或钩编；服装及其配件，非针织和非钩编	6101-6117；6201-6217
除服装外的纺织制品	填充物，毡和无纺布，特种纱线，细绳，绳索及其制品；地毯和其他纺织地板覆盖物；特殊梭织面料，簇绒纺织面料，蕾丝，挂毯，饰边，刺绣；纺织面料，浸染、涂层、覆盖或层压，适用于工业用途的纺织品；面料，针织或钩编；纺织品，制成品，套，碎布	5601-5609；5701-5705；5801-5811；5901-5911；6001-6006；6301-6310
玩具	玩具，游戏和运动必需品及其零件和配件	9501-9508
鞋帽	鞋类，护腿及部件；头饰及其部件	6401-6406；6501-6507
化纤制品	人造细丝；人造纺织材料的条带等；人造短纤维	5401-5408；5501-5516
塑料橡胶制品	塑料及其制品；橡胶及其制品	3901-3926；4001-4017
化学产品	无机化学制品，贵金属的有机和无机化合物，稀土金属，放射性元素和同位素；有机化学制品	2801-2853；2901-2942

续表

行业	描述	HS 编码
陶瓷玻璃	陶瓷制品；玻璃制品	6901-6914；7001-7020
机电音像设备	电气机械设备，录音机，扬声器，电视图像及其零件和配件	8501-8548
家具	家具，床上用品，床垫，床垫支架，靠垫和类似的填充家具，灯具和照明配件，照明标志，发光的铭牌等，预制建筑物	9401-9406
光学医疗等仪器	光学，摄影，电影，测量，组织，医疗或手术器械和器具及其零件和配件	9001-9033
运输设备	铁路，电车轨道机车，车辆及其零件，铁路轨道装置及其零件，各种机械交通信号设备；除铁路或电车轨道车辆外的车辆及其零件和配件；飞机，航天器及其零件；船舶，船只和浮动结构	8601-8609；8701-8716；8801-8805；8901-8908

资料来源：联合国商品贸易统计数据库，并由作者整理而得。

表 2 汇报了 2000~2006 年所选行业的年度出口额及其比重。其中，机电音像设备、服装和鞋帽为出口额最多的行业，并且，每个行业的出口额都有连年递增的趋势。从 2000~2006 年，这些行业的出口总额在制造业出口总额的占比依次是 89.37%、84.09%、81.84%、78.80%、69.52%、88.28%、87.37%，作为中国主要出口行业，具有高度代表性。

表 2 所选行业年度出口额汇总

行业	2000 年	2001 年	2002 年	2003 年
服装	32289.52	32408.00	36566.18	45757.11
除服装外的纺织制品	6657.05	7116.87	9102.07	12164.01
玩具	9197.31	9081.95	11600.68	13279.36
鞋帽	10466.85	10718.23	11837.55	13893.58
化纤制品	4050.59	4283.04	4949.52	6538.61
塑料橡胶制品	6388.40	6696.69	8036.06	9978.48
化学产品	6793.59	7461.24	8596.59	10726.66
陶瓷玻璃	3101.79	3097.59	4146.93	5321.26
机电音像设备	46067.09	51299.48	65113.88	88957.09
家具	7016.43	7559.21	9854.22	12895.13
光学医疗等仪器	6313.99	6445.85	7362.08	10557.58

续表

行业	2000年	2001年	2002年	2003年
运输设备	9267.56	9379.82	10547.69	15592.15
所选行业出口总额	147610.17	155547.97	187713.45	245661.01
中国制造业出口总额	165159.21	184978.25	229369.70	311738.43
所选行业出口总额/制造业出口总额（%）	89.37	84.09	81.84	78.80

行业	2004年	2005年	2006年	
服装	54783.43	131803.20	177241.49	
除服装外的纺织制品	15355.80	20244.83	24383.73	
玩具	15091.57	19123.74	22637.39	
鞋帽	16382.23	20495.85	23563.73	
化纤制品	8710.37	10277.64	12131.17	
塑料橡胶制品	13105.64	17782.74	22224.40	
化学产品	13932.68	19076.75	23168.41	
陶瓷玻璃	7306.91	9500.04	11916.71	
机电音像设备	129652.03	172313.77	227476.36	
家具	17318.60	22361.43	27955.15	
光学医疗等仪器	16218.18	25479.43	32610.36	
运输设备	20998.69	28409.99	38427.62	
所选行业出口总额	328856.12	496869.39	643736.53	
中国制造业出口总额	473043.69	562815.90	736779.27	
所选行业出口总额/制造业出口总额（%）	69.52	88.28	87.37	

注：除百分比外，其他数值单位为百万美元。
资料来源：联合国商品贸易统计数据库和国家统计局网站，并由作者计算而得。

2. 产品异质性和全要素生产率

本文使用邢洁、刘国亮（2019）对中国制造业企业估计所得企业层面产品异质性、全要素生产率和需求弹性的数据。产品异质性通过需求指数来衡量，参照 Aw and Lee（2017）的方法，以同行业其他企业平均生产率作为企业产品价格的工具变量，采用两阶段最小二乘法估计得到企业需求函数的残差和需求弹性（即价格系数的绝对值），构造得到需求指数，需求指数越大，产品质量等产品特性越强。采用 Levinsohn and Petrin（2003）的方法估计得到企业层面全要素生产率。表3汇总了所采用数据分行业分布情况。

表3　　　　　　　需求指数、需求弹性和全要素生产率分布汇总

行业	需求指数 Mean	需求指数 S.D.	需求弹性 Mean	需求弹性 S.D.	全要素生产率 Mean	全要素生产率 S.D.
服装	0.001	3.839	1.492	0.571	1.624	0.902
除服装外的纺织品	0.003	2.918	1.959	0.281	1.722	0.966
玩具	0.009	4.663	1.486	0.259	2.237	0.981
鞋帽	0.005	1.887	2.624	0.607	1.583	0.890
化纤	0.004	5.541	1.410	0.247	1.649	0.931
塑料橡胶制品	0.095	8.370	1.354	0.614	1.898	1.118
化学产品	0.002	2.496	4.259	1.058	1.495	1.075
陶瓷玻璃制品	-0.002	2.106	4.978	1.852	1.692	1.007
机电音像设备	-0.012	3.042	5.838	0.161	2.328	1.280
家具	-0.039	1.840	5.109	0.116	2.301	1.040
光学医疗等仪器	-0.054	2.747	6.945	0.511	2.621	1.286
运输设备	-0.010	2.847	6.177	0.506	2.236	1.147

资料来源：中国工业企业数据库和中国海关交易统计数据库，并由作者计算整理而得。

3. 出口目的地划分

参照 Roberts et al.（2018）对中国制鞋业产品出口目的地的划分，本文将中国产品主要出口目的地分为美国/加拿大、欧盟、日本/韩国以及亚洲其他国家。表4总结了2000～2006年中国产品在主要出口目的地的出口情况。其中，美国是中国出口产品最大的单一国市场，中国产品在美国/加拿大的出口额占中国产品出口总额的比例都在20%以上。欧盟组别包括2004年5月1日前的所有欧盟成员，中国产品在欧盟的出口额占中国产品出口总额的比例都在15%以上。中国产品在日本/韩国的出口额占比有下降趋势，从2000年的21.25%下降到2006年的14.05%。亚洲其他国家组别包括除日本和韩国外的与中国有贸易往来的亚洲国家和地区，尽管这些亚洲国家和地区里的单一国市场较小，但由于地缘等方面特点，把这些国家和地区划为一组，对本文实证分析有重要意义。表5报告了四个主要出口目的地分组的企业占比情况。由于一部分企业出口目的地并不唯一，所以不同组别企业有少数重合。

表4　　　　　　　　　　中国产品出口目的地主要分布

出口目的地	年份	出口额（美元）	出口额占比（%）
美国/加拿大	2000	55314265579.00	22.20
	2001	57700657246.00	21.68
	2002	74353550246.00	22.84
	2003	98258480007.00	22.42
	2004	133310135120.00	22.47
	2005	174834133596.00	22.95
	2006	219317890349.00	22.63
欧盟	2000	39124676608.00	15.70
	2001	41976659968.00	15.77
	2002	49705750528.00	15.27
	2003	74419298304.00	16.98
	2004	102581125120.00	17.29
	2005	137422831616.00	18.04
	2006	169159524352.00	17.46
日本/韩国	2000	52946677984.00	21.25
	2001	57459301630.00	21.59
	2002	63968401024.00	19.65
	2003	79503462734.00	18.14
	2004	101320602381.00	17.08
	2005	119094053393.00	15.63
	2006	136144880189.00	14.05
亚洲其他国家	2000	72018698240.00	28.90
	2001	76181118976.00	28.63
	2002	97176133632.00	29.85
	2003	128962256896.00	29.43
	2004	173937491968.00	29.32
	2005	220866478080.00	28.99
	2006	282826080256.00	29.19

资料来源：联合国商品贸易统计数据库，并由作者计算整理而得。

表5　　　　　　　　　　不同出口目的地企业统计

出口目的地	企业个数	企业个数占比（%）
美国/加拿大	8864	24.52
欧盟	8775	24.28

续表

出口目的地	企业个数	企业个数占比（%）
日本/韩国	9446	26.14
亚洲其他国家	13907	38.48

注：由 Stata15.0 计算而得。

（三）回归结果

1. 被解释变量为企业出口额

表6的被解释变量为企业出口额。尽管生产率的估计结果显著水平降低，但不加入乘积项的分组估计每组生产率的正系数仍然在1%的统计水平高度显著（并没有在表中给出），例如，日本/韩国组在解释变量中只有生产率、需求指数和企业规模，并且加入年份和行业虚拟变量的情况下，生产率的系数为0.212、标准差为0.009，估计结果在1%的统计水平上高度显著，所以，不论哪一个或哪几个出口目的地，生产率仍然对企业出口额有着重要影响。同时，每组需求弹性与生产率的乘积项系数绝对值都比较大，这说明，在区分出口目的地后，需求弹性对生产率作用效果的影响增强。

表6　　　　　　　　　　按出口目的地分组估计——出口额

	美国/加拿大	欧盟	日本/韩国	亚洲其他国家
全要素生产率	0.079 (0.020)***	0.054 (0.024)**	0.059 (0.018)**	0.239 (0.016)***
需求指数	0.132 (0.004)***	0.150 (0.005)***	0.111 (0.003)***	0.151 (0.003)***
企业规模	0.178 (0.008)***	0.196 (0.009)***	0.192 (0.008)***	0.193 (0.007)***
需求指数×需求弹性	-0.016 (0.002)***	-0.007 (0.002)**	-0.015 (0.001)***	-0.009 (0.001)***
全要素生产率×需求弹性	0.046 (0.005)***	0.060 (0.005)***	0.057 (0.004)***	0.054 (0.004)
Year dummy	Yes	Yes	Yes	Yes
Industry dummy	Yes	Yes	Yes	Yes
observations	16193	13996	19406	27009

注：被解释变量为取log形式的企业出口额；估计结果由Stata15.0完成；括号内为标准差；*、**和***分别表示参数的估计值在10%、5%和1%的统计水平上显著；Yes表示估计过程中加入了控制变量。

解释变量系数符号与理论预测相一致，除需求指数与需求弹性乘积项系数符号为负外，其他解释变量系数符号均为正。对比四组出口目的地的估计结果，美国/加拿大分组无论需求指数、生产率还是乘积项的系数均高度显著且绝对值较大。这可能因为，美国一直是中国产品出口的最大单一国市场，这种较为集中的分布导致中国对美国市场具有高度依赖性，因此美国市场产品差别化程度等对中国出口企业出口额影响较大也就不难理解。虽然中美贸易摩擦时有发生，但是中美始终是对方最重要的贸易伙伴之一。根据中国商务部贸易统计数据，2019年上半年，尽管中国对美国出口比重下降至约11%，美国在中国出口贸易额中位居第二位，仅次于欧盟，美国仍然是中国产品出口的最大单一国市场。一直以来，中国出口美国的产品主要集中在机电产品、家具、玩具、鞋帽、服装以及除服装外的纺织制品等行业。同时，美国和加拿大无论从市场结构、消费偏好还是与中国的地理距离都具有高度相似性，在美国/加拿大市场，中国出口企业面临的竞争，除了来自亚洲、拉美等劳动成本较低国家企业，还有来自意大利等欧洲国家的高品质产品竞争，因此与出口到其他目标市场的企业相比，对出口到美国/加拿大的中国企业来说，提高产品质量、功能、外观设计等特性和提高生产率降低成本都尤为重要。

与美国/加拿大分组估计结果相比，欧盟分组估计结果中需求指数与全要素生产率系数比值较大，对出口目的地为欧盟的中国企业来说，产品异质性对企业出口额影响更大，提高产品特性比降低产品成本更有利于企业出口额扩大。作为中国主要出口目的地之一的欧盟，包含国家众多，发达程度较高，各国经济发展水平较为平均，市场需求除了关注产品成本，更多地考虑产品质量等特性。虽然，欧盟对中国产品一直有所限制，但仍然是中国出口企业最重要的出口目的地之一。与美国/加拿大分组不同的是，欧盟成员国家相对较小，语言、文化等方面保持了更多的个性，市场需求也更加多样化。因此，产品出口到欧盟的中国企业，要更加侧重产品质量、功能以及外观设计等产品特性的提高，才能挖掘出更大的市场潜力。

相对于前两组出口目的地来说，日本/韩国分组需求指数与全要素生产率的系数比值最小。这意味着，在日本/韩国市场，产品异质性和生产率对企业出口额影响的相对重要性并不太明显。日本韩国市场具有一定的地缘优势，但与中国出口产品结构有一定的相似性，再加上，中国出口企业在日本韩国市场面临的竞争，除了来自中国台湾、越南、泰国、印度尼西亚等国，还有美国、意大利等国，另外还有来自日本韩国本国企业的竞争，所以中国出口企业在加强产品特性和降低产品成本方面都面临激烈的竞争。

从表6还可以看出，亚洲其他国家分组需求指数和全要素生产率系数比值小于1，也就是说相对前三个分组，生产率的相对重要性显著。产品出口到亚洲其他国家的中国企业，产品成本是更值得关注的问题。亚洲其他国家各国经济发展水平差距较大,人均收入水平较低,而且大部分国家属于外向型经济发展模式,对外依赖度较高,再加上印度、马来西亚、泰国以及越南等国本国低廉的劳动力成本,因此,这些国家市场需求更倾向于低成本产品。中国企业出口这些国家,在生产策略上,首要考虑必然是提高生产率降低产品成本。

2. 被解释变量为企业出口市场份额

表 7 报告了被解释变量为出口市场份额的估计结果。与企业在出口目的地的出口额相比,企业在出口目的地的市场份额更能反映企业在该出口目的地的市场地位,目标市场份额越大,企业在该目标市场的竞争力越强。

表 7　　　　　　　　按出口目的地分组估计——出口市场份额

	美国/加拿大	欧盟	日本/韩国	亚洲其他国家
全要素生产率	0.140 (0.031)***	0.018 (0.043)	0.039 (0.027)**	0.261 (0.036)***
需求指数	0.148 (0.006)***	0.155 (0.008)***	0.099 (0.005)***	0.137 (0.006)***
企业规模	0.167 (0.012)***	0.171 (0.015)***	0.169 (0.012)***	0.217 (0.014)***
需求指数×需求弹性	-0.009 (0.002)***	-0.001 (0.003)**	-0.013 (0.002)***	-0.015 (0.002)***
全要素生产率×需求弹性	0.041 (0.007)***	0.064 (0.009)***	0.047 (0.006)***	0.001 (0.008)
Year dummy	Yes	Yes	Yes	Yes
Industry dummy	Yes	Yes	Yes	Yes
observations	16193	13996	19406	27009

注:被解释变量为标准化处理后的企业出口市场份额;估计结果由 Stata15.0 完成;括号内为标准差;*、**和***分别表示参数的估计值在 10%、5%和 1%的统计水平上显著;Yes 表示估计过程中加入了控制变量。

被解释变量由企业出口额变成企业出口市场份额后,解释变量的符号仍然与理论预测相一致。需求指数越高意味着企业产品质量、功能以及外观设计等特性越强,生产率越高则成本越低,此时,企业在出口目的地的市场份额越大,也就是企业在目标市场的竞争力越强。美国/加拿大分组需求指数和生产率系数都较高,分别为 0.148 和 0.140,产品异质性和生产率对中国出口企业在该出口目的地市场竞争力的大小都有着显著正向作用。欧盟组生产率系数不显著,但不考虑乘积项的情况下,其系数为 0.275,标准差为

0.021，在1%的统计水平高度显著，仍然不可以忽略生产率的影响，只是生产率作用效果受需求弹性的影响较大。日本/韩国分组结果显示，尽管产品异质性和生产率也都影响着中国企业在该市场的竞争力，但不如美国/加拿大分组显著，这可能是由于中国和日本/韩国较为相似的出口产品结构导致。亚洲其他国家分组，生产率对中国企业在该市场的竞争力影响更为显著。

对比各组需求指数与生产率系数比值发现，被解释变量从企业出口额变成企业出口市场份额后，结果基本一致：美国/加拿大以及日本/韩国两个分组的需求指数与生产率系数比值较低，欧盟分组这一比值最大，亚洲其他国家分组的这一比值小于1。这意味着从企业市场份额角度验证了表6结果的稳健性。中国企业在美国/加拿大以及日本/韩国市场，面临的来自发达国家高质量产品竞争与来自劳动成本较低国家产品的竞争都较为激烈，出口目的地为美国、加拿大、日本和韩国等国家的中国企业，为扩大出口，在生产决策上，不仅要重视提高生产率降低产品成本，还要不断加强产品特性，以满足市场需求。欧盟国家由于历史地理等因素，有着较高的收入水平和更为多样化的需求，出口目的地为欧盟的中国企业，加强产品特性相对降低产品成本更有利于其增加市场份额。出口到亚洲其他国家的企业，降低产品成本扩大出口的效果更加明显。另外，表示市场结构特征之一的产品差别程度的需求弹性与产品异质性和生产率的交互作用不够明显，这可能是由于在区分了不同出口目的地的情况下，剥离了部分市场结构特性。

五、结论与建议

本文以中国制造业12个主要出口行业企业层面生产和贸易的完整信息，探讨了针对不同的出口目的地，中国企业在生产决策中，是生产成本更低的产品还是生产特性更强的产品，该怎样做出权衡。实证结果与理论预测相一致：第一，产品异质性和生产率通过与出口目的地共同作用对企业出口额和出口市场份额都有着重要影响；第二，产品异质性和生产率对企业出口绩效影响的相对重要性与出口目的地特点有关；第三，产品异质性和生产率对目标市场不同的企业出口绩效的影响效果表现出差异化。出口目的地为美国/加拿大或日本/韩国，产品异质性与生产率对出口绩效都有着重要影响；出口目的地为欧盟，产品异质性的相对重要性更强；出口目的地为亚洲其他国家，生产率的相对重要性更强。

在全球贸易增速放缓、政策不确定性加深的背景下，中国出口企业降低出口风险的途径之一是出口产品多元化以及出口目的地多元化。因此，针对不同的目标市场做出相应的生产决策将有利于企业实现进一步海外扩张。然而，大部分中国出口企业在相当长一段时期内仍然面临出口目的地单一的问题。不同的出口目的地代表着不同的市场环境、运输成本和消费偏好，企业在根据市场需求做出生产决策的过程中,要充分考虑出口目的地的特点,本文的结论为企业提供了一个重要的权衡角度:加强产品质量、功能等产品特性,还是降低产品成本。一味地按照企业自身相对优势而忽略海外目标市场特点,或者同时追求"物美""价廉",都将会事倍功半,即使投入大量的资源和时间成本,也很难得到预期的效果。以往研究对于出口目的地的划分主要基于人均收入水平,这是一个重要的划分标准,但是,市场需求往往还受到很多其他因素的影响。本文的结论为出口到北美、欧盟以及亚洲其他国家的企业海外扩张策略提供了实证依据。以北美和日韩为主要出口目的地的中国企业,忽略"物美"或者舍弃"价廉"都不利于其扩张,需要企业具有较强的实力;以欧盟为主要出口目的地的中国企业,产品异质性的作用尤为重要,抢占产品特性即为抢占市场;以亚洲其他国家为出口目的地的中国企业,尽管加强产品异质性有着重要作用,但不断提高生产率降低产品成本扩大出口的效果更加明显。

本文研究的局限性在于出口目的地的划分仍然不够全面和具体。中国出口企业考察不同目标市场特点时,需要更全面的考虑,这也是受本文数据的限制。企业在寻求海外市场扩张过程中,不仅要考虑目标市场的需要,也要结合自身比较优势,还有政策因素,才能达到预期的效果。

参 考 文 献

[1] 曹亮、袁德胜、徐小聪、徐阳:《建交时间与企业农产品出口二元边际:出口目的地视角》,载《宏观经济研究》2016 年第 4 期。

[2] 李方静:《企业生产率、产品质量与出口目的地选择——来自中国制造业企业微观层面数据》,载《当代财经》2014 年第 4 期。

[3] 刘斌、屠新泉、王杰:《出口目的地与出口企业生产率》,载《财经研究》2015 年第 11 期。

[4] 施炳展:《中国企业出口产品质量异质性:测度与事实》,载《经济学(季刊)》2014 年第 13 期。

[5] 谭赛月明、肖光恩、朱爱勇:《融资约束、产品质量与出口目的地选择》,载《南方经济》2017 年第 5 期。

[6] 邢洁、刘国亮:《产品吸引力、全要素生产率与企业出口市场份额》,载《产业经济评论》(山东大学)2019 年第 3 期。

[7] 余淼杰:《中国的贸易自由化与制造业企业生产率:来自企业层面的实证分析》,载《经济研究》2010 年第 12 期。

[8] 吴腊梅、李艳军:《中国农产品出口目的地与企业生产率》,载《宏观经济研究》2017 年第 8 期。

[9] 朱晟君、胡绪千、贺灿飞:《外资企业出口溢出与内资企业的出口市场开拓》,载《地理研究》2018 年第 7 期。

[10] 祝树金、段凡、邵小快、钟腾龙:《出口目的地非正式制度、普遍道德水平与出口

产品质量》, 载《世界经济》2019 年第 8 期。

[11] Amador, J. and Opromolla, L. D., 2013: Product and Destination Mix in Export Markets, *Review of World Economics*, Vol. 149, No. 1.

[12] Aw, B. Y. and Lee, Y., 2014: A Model of Demand, Productivity and Foreign Location Decision among Taiwanese Firms, *Journal of International Economics*, Vol. 92, No. 2.

[13] Aw, B. Y. and Lee, Y., 2017: Demand, Costs and Product Scope in the Export Market, *European Economic Review*, Vol. 100, No. 1.

[14] Crinò, R. and Epifani, P., 2012: Productivity, Quality and Export Behavior, *Economic Journal*, Vol. 122, No. 565.

[15] Gervais, A., 2015: Product Quality and Firm Heterogeneity in International Trade, *Canadian Journal of Economics*, Vol. 48, No. 3.

[16] Hottman, C. J., Redding, S. J., and Weinstein, D. E., 2016: Quantifying the Sources of Firm Heterogeneity, *Quarterly Journal of Economics*, Vol. 131, No. 3.

[17] Irene, B. and Guido, P. G., 2016: High-income Export Destinations, Quality and Wages, *Journal of International Economics*, Vol. 98, No. 1.

[18] Schmeiser, K. N., 2012: Learnig to Export: Export Growth and the Destination of Decision of Firms, *Journal of International Ecnonomics*, Vol. 87, No. 1.

[19] Levinsohn, J. A. and Petrin, A., 2003: Estimating Production Functions Using Inputs to Control for Unobservables, *The Review of Economic Studies*, Vol. 70, No. 2.

[20] Liu, B., Tu, X., and Wang, J., 2015: Export Destination and Export Enterprise Productivity, *Journal of Finance and Economics*, Vol. 41, No. 11.

[21] Manova, K. and Zhang, Z., 2012: Export Prices across Firms and Destinations, *Quarterly Journal of Economics*, Vol. 127, No. 1.

[22] Pan, M. and Nguyen, H., 2018: Export and Growth in ASEAN: Does Export Destination Matter, *Journal of Chinese Economics and Foreign Trade Studies*, Vol. 11, No. 3.

[23] Redding, S. J. and Weinstein, D. E., 2016: Measuring Aggregate Price Indexes with Demand Shocks: Theory and Evidence for CES Preferences, *National Bureau of Economics Research*, No. 22479.

[24] Roberts, M. J., Xu, D. Y., Fan, X., and Zhang, S., 2018: The Role of Firm Factors in Demand, Cost and Export Market Selection for Chinese Footwear Producers, *The Review of Economic Studies*, Vol. 85, No. 4.

[25] Upward, R., Wang, Z., and Zheng. J., 2013: Weighing China's Export Basket: The Domestic Content and Technology Intensity of Chinese Exports, *Journal of Comparative Economics*, Vol. 41, No. 2.

[26] Wang, F., Milner, C., and Scheffel, J., 2019: Export Destination and Skill Premium: Evidence from Chinese Manufacturing Industries, *Discussion Papers*, Vol. 7, No. 1.

Product Heterogeneity, Productivity and Enterprises' Export Destinations

Jie Xing   Guoliang Liu

Abstract: This paper analyses the relationships between product heterogeneity, productivity and enterprises' export destinations, using firm-level production and trade data in some sectors of China's manufacturing industry. According to the main export destinations of China, we divide the sample into four groups: the United States/Canada, the European Union, Japan/South Korea and other Asian countries, performing group estimation and comparative analysis. The results show that: in United States/Canada and Japan/South Korea, both product heterogeneity and productivity play important roles in firms' exports; in the European Union, product heterogeneity plays a much more important role; in other Asian countries, productivity is more important.

Key Words: Product Heterogeneity   Productivity   Enterprises' Export Destinations   Group estimation

JEL Classification: F14   L11   L15

企业社会责任信息质量与业绩操纵

——基于沪深 A 股上市公司年报的文本分析

宋　岩　李　帅　张鲁光[*]

摘　要：以 2013~2018 年 A 股上市公司年报为样本，利用文本分析及数据抓取方法，通过构建社会责任关键词表，借助 Python 程序对年报中企业社会责任关键词的相关词频进行提取和分析，结合行为财务理论和利益相关者理论，研究企业社会责任信息披露质量与盈余管理之间的关系。研究发现：企业对社会责任信息披露越加重视，其应计、真实盈余管理的程度越低，而且公司会减少两种方向一致的盈余管理来调整利润，这表明企业重视社会责任信息披露在一定程度上反映了企业的道德意识，企业会更加重视利益相关方的利益以及自身的长期发展，这也从侧面表明企业的信息披露行为更加透明有效。此研究结果丰富了对企业信息披露的文本分析以及企业社会责任与盈余管理之间的相关研究。

关键词：企业社会责任　盈余管理　文本分析　信息披露

一、引　言

2018 年以来，长生生物、康美药业、康得新等多家 A 股上市企业接连"爆雷"，这些曾被投资者视为"白马股"的企业因产品质量不过关以及财务造假等行为严重伤害了利益相关者及社会的整体利益，其自身也面临法律惩处与退市风险。与此同时，企业对社会责任的重视与履行越来越受到社会各界的关注。从长期来看，企业应放弃损害自身利益的短期行为，转而选择兼顾其他利益相关者并且适合企业长期发展的决策，通过环境保护、慈善捐助、保护员工及客户权益等行为来改善企业社会形象（杨柏、林川，2016），

---

[*] 本文受山东省社科规划重点项目"基于投资者情绪和高管背景的企业社会责任内在机制研究"（18BGLJ04）的资助。
感谢审稿人的宝贵建议。
宋岩：烟台大学经济管理学院；地址：烟台市莱山区清泉路 30 号；邮编：264005；E-mail：songy@ytu.edu.cn。
李帅：烟台大学经济管理学院；地址：烟台市莱山区清泉路 30 号；邮编：264005；E-mail：1522379320@qq.com。
张鲁光：烟台大学经济管理学院；地址：烟台市莱山区清泉路 30 号；邮编：264005；E-mail：zhlgfinancial@aliyun.com。

这些行为既可以使企业得到道德资本，满足经济利益需要，也可以得到资本市场的认可（陈立泰、张勇，2012）。为了更好地完成战略目标，企业需要有良好的公司治理体系以及良好的财务状况作为支撑。而盈余管理是企业常用的业绩操纵手段，管理者通常为满足短期利益，选择某些会计政策或项目的调整以影响对外报出的经营业绩，从这个角度讲，盈余管理就是企业社会责任缺失的表现，Schipper（1989）研究发现企业盈余管理行为实际上是经营者为了满足某些个人利益，而运用各种方式和手段对向外披露的过程进行干预的行为。企业在短期利益与长远利益之间、公司利益与利益相关者利益之间如何权衡，外界投资者能否从信息披露中做出有效判断，这些问题都值得继续探讨。

诸多学者对企业社会责任与盈余管理之间的关系都进行过深入的研究，由于对社会责任的衡量标准不统一等原因（陈国辉等，2018），所得出的结论也略有不同。随着研究的不断细化和深入，对于企业社会责任的度量成为关键，目前大多数研究采用的是通过财务指标建立评价体系或直接从网站评分得来，但数字化的财务指标如果没有文本信息加以补充说明，各利益相关方很难了解到数字背后企业对社会责任等各个方面的重视情况，在信息披露方面，大多数研究集中在是否披露或者利用内容分析法进行人工阅读方面，也难以应对大样本下的文本数据。随着文本分析技术以及自然语言处理能力的提升，在大样本下对上市公司年报、临时公告等信息披露进行文本分析量化成为可能，这大大提高了研究的精度与普适性。阎达五、孙蔓莉（2002）曾指出，在财务报告中，非财务信息的比重与信息含量在逐渐增加，年报的文字部分所提供的信息量是会计报表的两倍。同时，证监会也鼓励公司在年度报告中主动披露对股东、员工、债权人及消费者等利益相关者社会责任的履行情况，企业社会责任披露目前有了很大改善。鉴于此，本文借鉴了管理层语调的研究方法，构建社会责任关键词表，对年报文本进行相关词频数据抓取，以此来作为企业对社会责任信息披露的度量依据，验证分析企业社会责任信息披露与企业短期盈余操纵的关系。

与现有文献相比，本文的主要贡献在于：一是在研究方法上，从文本角度探索构建社会责任关键词表，通过数据抓取，采用非财务指标来度量企业社会责任信息披露；二是在研究视角上，本文从信息披露的角度给外界投资者提供了一个了解企业经营状况与价值观念的判断窗口。

二、文献回顾

企业社会责任信息能够产生"沟通效应"（田利辉、王可第，2017），Verrecchia（2001）指出，企业社会责任信息与传统的财务信息扮演着相类似的角色，可以侧面反映出管理者的行为道德标准及其职业操守。类似的非财务性信息披露有助于降低经营者与投资者之间的信息不对称程度，减少投资者的不确定性或风险，进而降低公司的交易成本（Fama and Laffer，1971）。近年来，对于企业社会责任与盈余管理之间的研究结论主要集中在两个方面，有学者认为企业社会责任的履行能有效地抑制其盈余操纵行为，具有强烈社会责任感的企业，其信息披露行为更加透明有效（宋岩等，2017；Hong and Andersen，2011）；也有部分学者认为企业可能会出于自身利益履行社会责任，掩饰其盈余操纵行为（朱敏等，2014）。

从企业社会责任信息披露的角度来看，目前研究主要集中在信息披露的影响因素及经济后果方面。Knox et al. (2005) 研究发现，公司规模及所处行业是影响企业披露社会责任信息的重要因素。李虹、王娟（2019）研究发现，企业管理者的管理能力对社会责任信息披露的质量具有正向影响，企业文化对这种正向影响具有调节作用。由于我国与西方国家所采取自愿披露社会责任信息的制度不同，我国对于社会责任信息采取了强制与自愿相结合的方式，基于此，洪敏等（2019）研究发现，强制披露社会责任信息能有效提高资本的配置效率。陈国辉等（2018）以披露了社会责任报告的 A 股上市公司为研究对象，研究了应规披露与自愿披露对盈余管理的影响，自愿披露的企业是出于伦理动机履行社会责任。

从文献梳理来看，过往研究关于企业社会责任信息披露内容的相关研究却很少。张斌、许惠雯（2019）从管理层语调出发，研究发现企业社会责任报告的积极语调与可读性会影响投资者判断；黄萍萍、李四海（2020）研究发现，社会责任报告正面评价与股价崩盘风险显著正相关。沈洪涛等（2014）利用内容分析法，对年度报告中环境信息披露部分研究讨论了环境表现与社会责任信息披露之间的关系。由于目前我国社会责任报告披露较晚，而且未经严格审计，有些报告出现模版化或生搬套用现象（田利辉、王可第，2017），因此社会责任报告严谨性有待提高，这也是本文选择年度报告进行研究的原因之一，但利用内容分析法研究年报，难以应对大样本下的文本数据，所以本文在总结前人研究的基础上，采用管理层语调常用的字典法，对年度报告文本进行相关文本分析。

三、理论分析与研究假设

企业社会责任源于自愿的慈善行为、对综合目标的平衡、社会对企业行为的期望等（李伟阳、肖红军，2011）。从道德角度来看，具有强烈社会责任感的企业本身会在企业内部及公众视野中树立起一种企业文化，这种企业文化将更加有助于管理者形成较高的行为道德标准及职业操守，在经营发展过程中会本着道德、诚信的原则，减少盈余操纵这种不道德的投机行为；从利益角度来看，企业管理层在做出履行社会责任的决策时，就意味着在短期与长期利益中选择了长期利益,为此就会在实际履行中放弃一部分利润,Gelb and Strawser(2001)研究发现,当企业积极履行社会责任时,就会为外部信息使用者提供与会计法规相比更加详细、更具内涵、更加广泛的财务公告,而公告中又往往会充斥着有利于企业的信息,这样企业无须进行盈余操纵便可以获取短期利益。所以,理性的管理者会减少为了短期利益而进行的盈余操纵行为。

基于传统的委托代理理论,由于企业经营者与所有者之间可能存在的目标不一致、信息不对称及契约的不完备性等问题而存在利益冲突,企业经营者注重社会责任的履行,虽然在短期内带来成本的提高,但从长期来看,更有利于提高企业在投资者以及社会上的声誉,获得资本市场的增值回报,这与企业所有者追求长期稳定发展的目标相一致,注重社会责任的履行会使委托代理双方的经营理念及目标从长期来看趋于一致。随着经济的发展,现代企业不再仅仅是经营者与所有者之间的传统双边关系,而是逐渐演变成与利益相关者之间的一组多边关系。根据新制度经济学原理,现代企业是一个契约网。管理者处于各利益相关方的中心位置,由于契约各方所追求的利益方向不同,在发生利益冲突时,作为理性经济人的管理者在做出经营决策或信息披露的过程中,可能会为着个人或短期利益,对其他利益相关者利益带来损失,这同时也造成了企业社会责任的缺失,而盈余管理是管理者常用的业绩操纵手段,当各方根据失真的财务信息做出投资决策时,难免会受到误导而使经济利益受损,这种不良行为一旦被发现,会导致股价及信用评级等急剧缩水,各利益相关方可能会通过撤资、断贷、停止供应、消费者抵制、媒体负面报道等措施进行报复性回应,这在一定程度上会使企业受到社会责任的压力而减少盈余操纵行为。根据博弈论观点,从这一角度上来看企业与利益相关者之间达到的纳什均衡也就是不合作,在博弈论下这种非帕累托最优的均衡在无限次的重复中是可以避免的,参与博弈的双方会最终趋向于战略合作,企业为获得长期稳定发展,会更加重视利益相关者利益及社会责任的履行,减少盈余操纵行为。

理论分析如图 1 所示。

图 1 理论分析

年度报告作为上市公司信息披露的重要组成部分,不仅向外部投资者展示企业过去一段时期的财务及经营状况,也传递着企业对未来发展展望的相关信息，年度报告是投资者了解企业价值判断与进行投资决策的重要来源（曾庆生等，2018）。随着企业年报中非财务信息比重以及信息含量越来越大，文本信息在自愿性披露方面，相对于严格监管的量化财务信息具有更大的自由权，更能代表管理层的价值判断。从这一角度来看，信息披露也不失为外界了解企业财务经营状况以及价值观念的一个窗口。企业在年报中更多地描述其社会责任的履行情况是可以向利益相关者释放出积极的信号，这种信号传达出的是企业良好的生产经营水平、财务运作能力以及长远的战略发展目标。但是，如果企业刻意释放出社会责任履行的利好消息，而对盈余操纵行为进行掩饰的话，各利益相关方很容易会被积极信号所误导，根据虚假的财务信息作出的投资决策注定会使各方的经济利益受损，这种不良行为最终不利于企业的长期生存发展。另外，企业在年报中更多的描述社会责任的履行情况可以降低其与利益相关者之间的信息不对称，提高会计信息的透明度，这也压缩了盈余管理可操作的空间。综上所述，可推断出重视社会责任的公司治理结构更加完善，往往会考虑其长期利益的实现和长远稳定地发展，培育公司与各利益相关方之间的关系，在其信息披露中会向股东、员工及消费者等利益相关方传递出更多的信息，对利益相关者的各种利益关切进行更多的提及，同时盈余管理行为将会减少，会降低更易被投资者察觉的应计盈余管理行为以及会对企业带来实际损害的真实盈余管理行为。为检验此推断，本文提出以下假设：

假设1：企业社会责任信息披露质量与其盈余操纵行为呈负相关关系。

就盈余管理而言，应计与真实盈余管理对企业利润的影响方式不同，通过对应计项目的调节会在短期内提高账面利润，而真实盈余管理所带来的利润增长可能需要一定的时间才能显现。Zang（2012）研究发现，上市公司在进行盈余管理时可能会配合使用应计与真实项目，在会计期中进行真实盈余操纵，在会计期末会适当使用应计项目来达到预期利润。年度报告作为上市公司信息披露的重要窗口，投资者更能从其文字表述中了解到管理层的价值判断，从而做出自己的投资决策行为，注重社会责任履行的企业，更有可能增加对其利益相关方的表述，做出更多的信息披露，同时Kim等（2014）研究发现，具有强烈社会责任感的企业会较少进行盈余操纵行为，向市场披露更为真实的信息。可见企业对其社会责任履行情况越重视，越有可能会出于伦理道德主义而增加其对利益相关者的信息沟通，减少两种盈余管理方式的合谋，为检验此推断，本文提出以下假设：

假设2：企业社会责任信息披露质量与其盈余操纵合谋行为呈负相关关系。

四、研究方案设计

(一) 样本选择与数据来源

本文研究样本包括沪深两市 2013~2018 年间 A 股上市公司的年度报告及相关财务数据，为保证数据有效性，剔除了金融保险类、ST 及数据缺失的公司，共得到 15231 个观测样本。文中社会责任数据通过构建社会责任词表，然后由 Python 程序抓取年报相关词频计算所得，其余数据均来源于国泰安数据库，所用分析工具为 Stata15。为避免异常值的影响，本文对所有连续型变量进行了 Winsorize 上下 1% 的缩尾处理。

(二) 研究设计

随着信息爆炸式的增长，从中查找关键信息变得更加困难，对关键信息的提取就变得愈加重要，该关键信息通常表现为关键词，正如语言学中"共现频率"所言，相关词语出现的频率越高说明其通用率越高，这种关键词分析法在日常生活中的运用十分常见，例如：新闻联播节目对习主席的新年贺词进行词频分析后发现，"人民""群众""改革""脱贫"等词出现的频率最高，在有了关键词之后还可以统计出此关键词在全文中出现的次数以及全文字词数，以此可以简单做比率来分析披露重心。

此种方法运用到上市公司信息披露的研究中，相关关键词出现的频率越高，说明管理层对此部分文本信息的沟通意愿及披露的倾向性越强（王华、刘慧芬，2018）。对于大样本下文本分析的研究，当前主要集中于管理层语调的情感分析，本文借鉴 Merkley（2014）的关于度量研发信息披露的思路，选择以"词"为研究对象，构建关于企业社会责任的关键词表，以年报中相关词频统计作为企业社会责任信息披露的度量依据。

(三) 研究过程

1. 资料收集

由于本文文本分析的对象为上市公司年度报告，因此收集近年来的年度报告成为研究的第一步。本文所需年报均来自巨潮资讯网（http://www.cninfo.com.cn），2013~2018 年共收集到 17803 份。

2. 形成字典

本文采用度量管理层语调常用的字典法，字典法由前述文献梳理可知，即根据事先制定的关键词表，以此来对文本中的相关关键词进行词频统计。由于针对企业社会责任没有常用的字典，因此本文在进行关键词提取的基础上形成数据抓取的字典。为确保字典及后续抓取的客观性，本文采用人工与软件的双重整理复核的思路。首先，采用 NLPIR 中科院自然语言分析系统（http：//ictclas. nlpir. org/nlpir/）进行描述社会责任的关键词提取，使用 NLPIR 系统的原因是在最初关键词提取阶段使用较为方便，可以比较形象的形成关键词统计表或者词云图，而且目前国内已有学者将该系统运用于文本信息的相关研究（兰天、郭躬德，2016；王华、刘慧芬，2018）。为整理关键词表，得出企业在描述社会责任时哪些词出现的频率高，本文搜集了几百份上市公司社会责任报告，将报告放入系统中可以快速提取出关键词，通过此种方法形成最初的词表，为保证客观性，本文试图尽可能扩大词表范围，在此过程中，人工进行复核检验，为方便后期抓取，尽可能断成最小单位"词"的形式。

由于最终文本分析的对象是年度报告，所得到的关键词表可能并不适合于年报的表述方式，因此，文本将形成的词表，利用 Python2.7 试抓取近千份年报文本，剔除掉与会计科目、年报固定格式以及与公司名称等相重叠的词汇，避免出现过度的异常值。例如，"责任"一词，在年报中更多地出现在公司名称中（如某某有限责任公司），因此对此类词汇进行了剔除。

最后，进行了饱和度检验，检查词汇是否都已经包含在词表之中。社会责任关键词共包含 161 个，由于企业在描述社会责任时，是按照股东、客户、债权人、供应商等利益相关方来分别描述，加之以往对于社会责任指标体系的构建都是从利益相关者角度出发，所以本文对于词表的构建也按此思路，词表具体分类为，对股东、债权人及供应商、职工、消费者、社区、政府以及环境的责任，所需关键词如表 1 所示。

表 1　　　　　　　　社会责任关键词表（部分）

股东	分红	分配	红利	红股	监督	勤勉	尽职	尽责	规范	……
	恪守	透明	强化	效益	使命	盈利	创新	稳健	严格	
	研发	公平								
债权人/供应商	履约	承担	担当	确保	合作	互利	互惠	共赢	伙伴	……
	信任	沟通	协调	互信	互补					
职工	帮助	培训	平等	安全	保障	人才	人力	关爱	关怀	……
	晋升	尊重	民主	倾听	待遇					
客户	改进	维护	质量	诚信	认可	放心	品质	用心	信赖	……
	满意	优质	塑造	真诚						
政府	遵守	遵循	依法	合法	合规	践行	落实	积极	配合	……
	贯彻									
社区	捐赠	捐款	公益	爱心	奉献	扶贫	脱贫	帮扶	援助	……
	帮困	援建	助学	慰问	救助	善款	帮扶	慈善	惠民	
	援建	救助	捐资							
环境	绿色	减排	低碳	降耗	节约	和谐	清洁	循环		……

3. 文本处理

由于下载到的年度报告均为 PDF 格式，这并不能直接进行后续文本的分词与统计，要使 Python 能自动分析识别，首先应转换到 TXT 格式。本文采用开放源的 PDFminer.six 进行格式的解析与转换，在程序运行中，将文本自动进行格式转换然后进行分词与统计。

通过以上处理后，运用开放源 Jieba 分词，自动统计全文词数以及所需关键词频，在文本程序分析的过程中，自动进行文本数据的清洗，过滤掉某些无实义的字符及文字，例如，标点符号、数字、字母以及无实义的"的""是"等。为度量企业对社会责任信息披露的重视变化程度，本文在 Henry （2008）及林乐、谢德仁（2017）度量管理层语调的方法的基础上，来衡量企业对社会责任信息披露质量，即：

$$CSR_{it} = Ln\left(\frac{Csrfre_{it}/Total_{it}}{Csrfre_{it-1}/Total_{it-1}}\right) \quad (1)$$

其中，Csrfre 及 Total 分别为 t 期以及 t-1 期年报中社会责任词频数以及年报总词数，取自然对数后，CSR_{it} 表示本年度与上一年度相比，在年度报告中管理层对企业社会责任信息披露重视情况的变化程度。

（四）变量定义

1. 解释变量

本文解释变量 CSR 采用上述数据抓取后计算所得。

2. 被解释变量

本文采用修正 Jones 模型来度量上市公司可操纵应计利润（刘慧龙等，2014；Dechow et al.，1994），模型的计算公式如下：

$$\frac{TA_{it}}{A_{it-1}} = \alpha_1 \frac{1}{A_{it-1}} + \alpha_2 \frac{\Delta REV_{it}}{A_{it-1}} + \alpha_3 \frac{PPE_{it}}{A_{it-1}} + \varepsilon_{it} \quad (2)$$

$$DA = \frac{TA_{it}}{A_{it-1}} - \left[\alpha_1 \frac{1}{A_{it-1}} + \alpha_2 \frac{(\Delta REV_{it} - \Delta AR_{it})}{A_{it-1}} + \alpha_3 \frac{PPE_{it}}{A_{it-1}}\right] \quad (3)$$

其中：总应计项目 TA_{it} 为 t 年的经营利润与经营活动现金流之差；A_{it-1} 为 t-1 年期末总资产；ΔREV_{it}、ΔAR_{it} 分别为 t 年和 t-1 年间销售收入与应收账款的变化额；PPE_{it} 为 t 年的固定资产。先将模型（2）分年度和分行业进行回归，然后将估计所得的回归系数代入模型（3）计算可操纵性应计项，DA 为盈余管理的衡量指标。

本文借鉴 Roychowdhury（2006）、李增福等（2011）的方法，来计算真实活动盈余管理程度，具体度量模型如下：

经营活动现金流模型：

$$\frac{CFO_{it}}{A_{it-1}} = \beta_0 + \beta_1 \frac{1}{A_{it-1}} + \beta_2 \frac{S_{it}}{A_{it-1}} + \beta_3 \frac{\Delta S_{it}}{A_{it-1}} + \varepsilon_i \quad (4)$$

产品生产成本模型：

$$\frac{PROD_{it}}{A_{it-1}} = \beta_0 + \beta_1 \frac{1}{A_{it-1}} + \beta_2 \frac{S_{it}}{A_{it-1}} + \beta_3 \frac{\Delta S_{it}}{A_{it-1}} + \beta_4 \frac{\Delta S_{it-1}}{A_{it-1}} + \varepsilon_i \quad (5)$$

可操控性费用模型：

$$\frac{DISEXP_{it}}{A_{it-1}} = \beta_0 + \beta_1 \frac{1}{A_{it-1}} + \beta_2 \frac{S_{it-1}}{A_{it-1}} + \varepsilon_i \quad (6)$$

上述模型中，CFO_{it}为t年的经营活动现金流量，A_{it-1}、S_{it}分别表示期初总资产与t年的销售收入，ΔS_{it}表示t年和t−1年间销售收入变动额，$PROD_{it}$为t年的生产成本，是营业成本与当期存货变动之和，$DISEXP_{it}$表示公司的酌量性费用，包括管理费用、销售费用之和。将上述模型分别按年度和行业进行回归，其残差项分别为异常经营活动现金流（RM_CFO）、异常生产成本（RM_PROD）以及异常可操控性费用（RM_DISEXP）。本文采用Roychowdhury（2006）的研究方法计算真实活动盈余管理，令：

$$RM_{it} = RM\_PROD_{it} - RM\_CFO_{it} - RM\_DISEXP_{it} \quad (7)$$

由于本文只考虑企业盈余管理的程度，而不考虑盈余管理的方向，所以本文对盈余管理的数值取绝对值处理。变量说明如表2所示。

表2　　　　　　　　　　变量说明

	变量	含义	说明
被解释变量	DA	应计盈余管理	通过Jones模型计算得出
	RM	真实盈余管理	真实盈余综合指标
	DA×RM	盈余管理方式合谋	应计与真实盈余管理交乘项
解释变量	CSR	企业社会责任	年报数据抓取词频计算所得
控制变量	SIVE	企业规模	年末总资产的对数
	LEV	资产负债率	总负债/总资产
	GROUTH	企业成长性	主营业务收入增长率
	ROA	资产收益率	净利润/总资产平均余额
	TobinQ	托宾Q	市值/资产总计
	FSHR	股权集中度	第一大股东持股比例
	YEAR	年度虚拟变量	年度虚拟变量
	IND	行业虚拟变量	行业虚拟变量

（五）回归方程

为验证假设1，本文构建回归模型一：

$$DA_{it} = \alpha_0 + \alpha_1 CSR + \alpha_2 Roa + \alpha_3 Size + \alpha_4 Lev + \alpha_5 Grouth$$
$$+ \alpha_6 TobinQ + \alpha_7 Fshr + \sum year + \sum ind + \varepsilon \quad (8)$$

$$RM_{it} = \alpha_0 + \alpha_1 CSR + \alpha_2 Roa + \alpha_3 Size + \alpha_4 Lev + \alpha_5 Grouth$$
$$+ \alpha_6 TobinQ + \alpha_7 Fshr + \sum year + \sum ind + \varepsilon \quad (9)$$

为验证假设2，本文构建回归模型二：

$$DA \times RM_{it} = \alpha_0 + \alpha_1 CSR + \alpha_2 Roa + \alpha_3 Size + \alpha_4 Lev + \alpha_5 Grouth$$
$$+ \alpha_6 TobinQ + \alpha_7 Fshr + \sum year + \sum ind + \varepsilon \quad (10)$$

上式中，若假设1成立，则模型一中α_1系数显著为负，说明管理层对企业社会责任越加重视，年报中自愿性信息披露越多，其应计与真实盈余管理的程度越低；若假设2成立，则模型二中α_1系数显著为负，说明管理层在年报中社会责任信息披露越加重视，其应计与真实盈余管理配合使用的情况越低，其中$DA \times RM$为应计盈余与真实盈余去中心化后交乘所得。

五、实证分析

（一）描述性统计

表3报告了各主要变量的描述性统计，从中可以看出，应计盈余的最小值为0.0007，最大值为0.359，真实盈余的最小值为0.002，最大值为0.908，这说明上市公司普遍存在盈余管理行为，且程度存在一定差异，而且可以看出，可操纵应计盈余的均值为0.058，大于其中位数0.038，真实盈余的均值为0.159，大于其中位数为0.105，说明多数企业都存在一定程度的盈余管理行为；企业社会责任变动程度最大值为0.415，最小值为-0.346，说明企业之间对社会责任信息披露的重视程度存在差异，但其标准差为0.135，说明其波动幅度不是很大，企业对社会责任的重视变动程度都比较集中。

表3　　　　　　　　　　各变量描述性统计

变量	N	均值	标准差	最小值	中位数	最大值
DA	15231	0.058	0.063	0.0007	0.038	0.359
RM	15231	0.159	0.167	0.002	0.105	0.908
CSR	15231	0.019	0.135	-0.346	0.017	0.415
SIZE	15231	22.129	1.302	19.639	21.968	26.088
LEV	15231	0.422	0.209	0.055	0.408	0.912
GROUTH	15231	0.187	0.481	-0.564	0.093	3.252
ROA	15231	0.038	0.059	-0.248	0.037	0.192
TobinQ	15231	2..396	2.236	0.179	1.727	12.709
FSHR	15231	34.487	14.783	8.716	32.510	74.856

表4报告了Pearson相关系数检验结果,从中可以看出主要变量之间基本都在1%水平下显著相关。其中,企业对社会责任重视程度分别与应计、真实盈余在1%水平下显著负相关,这与上述假设基本相符,此外可以看出应计与真实盈余管理在1%水平下显著正相关,表明企业可能同时配合使用两种盈余管理方式。由此可以初步说明在不考虑其他因素影响的情况下,企业对社会责任情况越重视,其盈余管理的程度越低。在回归分析之前,本文利用方差膨胀因子法进行了多重共线性检验,结果显示每个模型的方差膨胀因子VIF均小于3,这说明各个变量间不存在严重的多重共线性(见表5)。

表4　　　　　　　　　　变量间Pearson相关性分析结果

	DA	RM	CSR	SIZE	LEV	GROUTH	ROA	TobinQ	FSHR
DA	1								
RM	0.29***	1							
CSR	-0.03***	-0.02**	1						
SIZE	-0.03***	-0.02**	0.04***	1					
LEV	0.11***	-0.03***	-0.001	0.46***	1				
GROUTH	0.22***	0.09***	-0.0009	0.03***	0.02***	1			
ROA	-0.24***	0.12***	0.01	-0.04***	-0.07***	0.00	1		
TobinQ	0.05***	0.15***	-0.01	-0.19***	-0.09***	-0.001	0.12***	1	
FSHR	-0.03***	0.02*	-0.002	0.21***	0.05***	-0.04	-0.003	-0.04***	1

注：*、**、***分别表示在10%,5%,1%水平下显著。

表5　　　　　　　　　　VIF检验

	CSR	SIZE	LEV	GROUTH	ROA	TobinQ	FSHR
VIF	1.02	2.12	1.86	1.00	1.23	1.66	1.16

（二）回归分析

从表6的回归结果中可以看出,社会责任信息披露与计算得到的应计盈余管理在5%水平上显著负相关,回归系数为-0.01,这表明企业对社会责任越重视,其应计盈余管理程度越低,企业在短期的应计盈余管理与长期的社会责任履行之间会选择更加有利于企业长期发展的社会责任行为,对股东、债权人、客户、职工和社区等利益相关者负责,并不会过度进行应计盈余管理;对真实盈余管理来说,企业对社会责任的重视程度的回归系数为-0.031,在5%水平上显著,这说明企业对社会责任越重视,就越会减少其真实盈余管理行为,因为企业进行真实盈余管理的操纵,会对长期业绩影响较大,所以企业基于一种道德主义,会减少真实盈余管理对企业未来业绩的严重影响,假设1得到验证,同时也可以看出,社会责任的重视对真实盈余管理的负向影响,较应计盈余来说程度更大,这表明随着企业社会责任的履行,管理者会更加避免选择会对公司造成实际损害的真实盈余管理。当企业配合使用两种盈余管理方式时,其回归系数为 -0.0030,在5%的水平上显著,这表明企业对社会责任越重视,其两种方式上的操纵行为越低,假设2得到验证。

表6　　　　　　　　社会责任信息披露与盈余管理回归结果

模型 因变量	假设1 DA	假设1 RM	假设2 DA×RM
CSR	-0.01 ** (-2.00)	-0.031 ** (-2.52)	-0.0030 ** (-2.42)
SIZE	-0.00363 *** (-4.42)	0.0027 (1.27)	-0.0011 *** (-5.68)
LEV	0.0293 *** (5.10)	0.063 *** (5.09)	0.0136 *** (10.54)
GROUTH	0.0012 *** (5.58)	0.0011 *** (7.69)	0.000028 * (1.95)
ROA	-0.211 *** (-6.39)	0.362 *** (7.25)	0.003 (0.88)
FSHR	-0.0000136 (0.28)	0.0002 (1.50)	0.000007 (0.6)
TobinQ	0.0027 *** (5.21)	0.0121 *** (6.66)	0.0007 *** (5.58)
常数项	0.1188 *** (6.51)	0.05 (1.00)	0.0285 *** (5.52)
YEAR	yes	yes	yes
IND	yes	yes	yes
N	15231	15231	15231
Adj. R^2	0.1539	0.147	0.049

注:*、**、***分别表示在10%,5%,1%水平下显著,括号内的数字为T值。

（三）稳健性检验

1. 工具变量法

根据前人研究，企业社会责任与盈余管理之间可能存在双向因果关系导致的内生性问题，本文采用了两阶段最小二乘法对回归结果进行稳健性检验。通过对文献的梳理，发现此前在企业社会责任与盈余管理的研究中均较少考虑内生性问题，因此也缺乏成熟的工具变量作为参考，通过借鉴现有文献，采用 t 年行业内其他企业社会责任的平均值作为工具变量（陈国辉等，2018；权小锋等，2015），均值反映出行业的总体特征，因此受企业内部的影响程度较低，在加入工具变量后，弱工具变量判断 F 值均大于 10，说明不存在弱工具变量。具体回归结果如表 7 所示，企业社会责任与盈余管理仍显著负相关，回归结果基本保持不变。

表 7　　2ols 回归结果

变量名	DA	RM
IND-CSR	-0.2020***	-0.3007***
	(-3.75)	(-4.31)
SIZE	-0.0016**	0.0037*
	(-2.00)	(1.75)
LEV	0.0388***	0.0590***
	(6.45)	(4.78)
GROUTH	0.0012***	0.0011***
	(15.68)	(7.77)
ROA	-0.2042***	0.405***
	(-6.13)	(8.06)
FSHR	-2.14e	0.00005
	(-0.04)	(0.39)
TobinQ	0.0034***	0.0136***
	(6.48)	(6.67)
常数项	0.0767***	0.009
	(4.57)	(0.20)
year	yes	yes
N	15231	15231
Adj. R^2	0.0059	0.0247

注：*、**、*** 分别表示在 10%，5%，1% 水平下显著，括号内的数字为 Z 值。

2. 替代变量法

夏立军（2003）认为修正的 Jones 模型并不比基本模型更适合于中国市场，为此，我们同样报告了采用基本模型估计的应计盈余管理程度，同时根据 Zang（2012）计算真实活动盈余管理的方式，重新计算了真实盈余管理程度，令：$RM_{it} = RM\_PROD_{it} - RM\_CFO_{it}$，同样对盈余管理取绝对值处理，回归结果发现自变量与因变量之间的关系并未发生变化。其中应计盈余基本模型如下：

$$TA_{it}/A_{it-1} = \alpha_1 1/A_{it-1} + \alpha_2 \Delta REV_{it}/A_{it-1} + \alpha_3 PPE_{it}/A_{it-1} + \varepsilon_{it} \quad (11)$$

$$DA = TA_{it}/A_{it-1} - [\alpha_1 1/A_{it-1} + \alpha_2 \Delta REV_{it}/A_{it-1} + \alpha_3 PPE_{it}/A_{it-1}] \quad (12)$$

3. 滞后期检验

上述假设结论验证了企业对社会责任越重视，越能有效促进其财务透明度，能有效减少其盈余管理行为，为了排除互为因果关系，本文参照 Czarnitzki and Krakt（2009）的做法，将模型中的控制变量滞后一期，重新代入模型（8）与模型（9）中，结果如表 8 所示，回归结果发现自变量与因变量之间的关系并未发生变化，结果仍然支持原假设。

表 8　　　　　　　　　稳健性检验

模型 因变量	替换变量法 DA	替换变量法 RM	滞后期检验 DA	滞后期检验 RM
CSR	-0.0085 * (-1.77)	-0.0251 ** (-2.53)	-0.014 *** (-2.78)	-0.0175 * (-1.71)
SIZE	-0.0013 ** (-2.22)	0.0007 (0.44)	-0.0098 *** (-10.33)	-0.0092 *** (-4.07)
LEV	0.0448 *** (12.12)	0.0564 *** (5.72)	0.0458464 *** (5.99)	0.0805 *** (6.57)
GROUTH	0.00006 (0.57)	0.0012 *** (10.91)	0.00001 (0.22)	-0.00009 *** (-5.22)
ROA	0.0042 *** (8.80)	0.2857 *** (7.14)	0.0006 (0.03)	0.2822 ** (2.43)
TobinQ	-0.0000202 (-0.87)	0.0002 ** (2.02)	0.0018 ** (2.33)	0.0110 ** (2.56)
FSHR	-0.00004 (-0.44)	0.0083 *** (5.18)	-0.0001 ** (-2.26)	0.0003 *** (6.26)
常数项	0.1022 *** (6.37)	0.068 * (1.65)	0.250 *** (11.83)	0.303 *** (5.86)

续表

模型 因变量	替换变量法 DA	替换变量法 RM	滞后期检验 DA	滞后期检验 RM
YEAR	yes	yes	yes	yes
IND	yes	yes	yes	yes
N	15231	15231	15231	15231
Adj. R²	0.129	0.136	0.081	0.131

注：*、**、***分别表示在10%，5%，1%水平下显著，括号内的数字为T值。

六、结 语

本文基于企业社会责任信息披露与盈余操纵之间的相关研究，从利益相关者角度出发，通过构建描述企业社会责任的关键词表，对2013~2018年A股上市公司年报文本进行数据抓取，以此作为企业社会责任的度量指标，并通过上市公司财务数据计算得出企业的盈余管理程度，研究发现：企业对社会责任信息披露越重视，其两种形式的盈余管理程度越低，采用多种形式计算后，结论仍然保持不变，这表明企业社会责任信息披露在一定程度上反映了企业的道德意识，企业会更加重视自身的长期发展以及其利益相关方的利益，这也从侧面表明企业的信息披露行为更加透明有效。

从本文的实证结论来看，企业越重视社会责任信息披露，其盈余操纵行为越低。为更有利于促进资本市场的发展，本文从以下几个方面提出相关政策建议：（1）完善企业信息披露，提高信息透明度。作为对财务指标的补充说明，企业应重视并利用好年度报告、临时公告等方式，保证企业信息透明度，而不应将信息披露模版化，也不应将其当成"花瓶式"的摆设。从信息披露的内容来讲，应避免空洞分析以及含糊披露，同时也应注意字里行间管理层的情绪态度，避免投资者的过度猜疑，提高信息的参考价值。（2）完善法人治理结构，健全内部监督机制。就企业盈余管理行为来讲，完善的法人治理结构能够有效遏制管理层为个人利益或短期目标而采取的损害其他利益相关者的盈余操纵行为，有效保护各利益相关方利益，而完善的内部控制制度则可以在很大程度上规范企业的日常经营行为，保证企业财务数据的真实、可靠，对日常经营过程中发现的问题与偏差能够及时发现与纠正。就企业履行社会责任来讲，有效的法人治理结构与内部控制制度，这样才能更好地加强企业文化建设，形成良好的企业价值观，在管理层及员工层面提高职业操守，只有在企业文化层面树立起良好的社会责任意识，才能有效履行企业社会责任。（3）构建外部监督体系，完善企业治理环境。企业是一个由利益相关者组成的契约网，各利益相关方应关注企业的实际运行情况，监督企业的运营状况以及社会责任实际履行状况。此外,从监管角度来讲,各监管部门应根据资本市场实际情况,划定监管红线,对触碰到红线的企业提高处罚力度,将企业盈余操纵等行为严格限制在合理的红线之内,监管部门在各政策制定过程中,应保持密切关注,防止企业根据政策漏洞来进行盈余操纵。

对于后续的研究,本文有如下研究设想:一是运用计算机进行大样本文本抓取分析的研究才刚刚展开,关于评价企业社会责任的非财务指标的抓取,由于没有一个统一的标准,在客观性方面难以与数字化的财务指标相比,下一步研究还应以此作为重点展开;二是利用数据抓取进一步完善文本分析及企业社会责任相关领域的研究。

参 考 文 献

[1] 陈立泰、张勇:《慈善捐赠的股市效应及其影响因素再研究——基于调整的市场模型和非参检验方法》,载《中央财经大学学报》2012年第2期。

[2] 陈国辉、关旭、王军法:《企业社会责任能抑制盈余管理吗?——基于应规披露与自愿披露的经验研究》,载《会计研究》2018年第3期。

[3] 洪敏、张涛、张柯贤:《企业社会责任信息披露与资本配置效率——基于强制性信息披露的准自然实验》,载《哈尔滨商业大学学报(社会科学版)》2019年第4期。

[4] 黄萍萍、李四海:《社会责任报告语调与股价崩盘风险》,载《审计与经济研究》2020年第1期。

[5] 李伟阳、肖红军:《企业社会责任的逻辑》,载《中国工业经济》2011年第10期。

[6] 李增福、董志强、连玉君:《应计项目盈余管理还是真实活动盈余管理?——基于我国2007年所得税改革的研究》,载《管理世界》2011年第1期。

[7] 李虹、王娟:《管理层能力、企业文化与企业社会责任信息披露》,载《华东经济管理》2019年第10期。

[8] 兰天、郭躬德:《基于词共现关系和粗糙集的微博话题检测方法》,载《计算机系统应用》2016年第6期。

[9] 林乐、谢德仁:《分析师荐股更新利用管理层语调吗?——基于业绩说明会的文本分析》,载《管理世界》2017年第11期。

[10] 刘慧龙、王成方、吴联生:《决策权配置、盈余管理与投资效率》,载《经济研究》2014年第8期。

[11] 权小锋、吴世农、尹洪英:《企业社会责任与股价崩盘风险:"价值利器"或"自利工具"?》,载《经济研究》2015年第11期。

[12] 宋岩、滕萍萍、秦昌才:《企业社会责任与盈余管理:基于中国沪深股市A股制造业上市公司的实证研究》,载《中国管理科学》2017年第8期。

[13] 沈洪涛、黄珍、郭肪汝:《告白还是辩白——企业环境表现与环境信息披露关系研究》,载《南开管理评论》2014年第2期。

[14] 田利辉、王可第:《社会责任信息披露的"掩饰效应"和上市公司崩盘风险——来

自中国股票市场的 DID – PSM 分析》，载《管理世界》2017 年第 11 期。

[15] 王华、刘慧芬：《产品市场竞争、代理成本与研发信息披露》，载《广东财经大学学报》2018 年第 3 期。

[16] 夏立军：《盈余管理计量模型在中国股票市场的应用研究》，载《中国会计与财务研究》2003 年第 2 期。

[17] 杨柏、林川：《企业社会责任与研发投入——代理成本缓解还是财务压力?》，载《云南财经大学学报》2016 年第 4 期。

[18] 阎达五、孙蔓莉：《深市 B 股发行公司年度报告可读性特征研究》，载《会计研究》2002 年第 5 期。

[19] 朱敏、施先旺、郭艳婷：《企业社会责任动机：于公还是于私——基于中国上市公司盈余质量的经验证据》，载《山西财经大学学报》2014 年第 11 期。

[20] 曾庆生、周波、张程、陈信元：《年报语调与内部人交易："表里如一"还是"口是心非"?》，载《管理世界》2018 年第 9 期。

[21] 张斌、许惠雯：《企业社会责任报告语调、可读性与投资者判断》，载《扬州大学学报（人文社会科学版）》2019 年第 6 期。

[22] Czarnitzki, D. and Kraft, K., 2009: Capital Control, Debt Financing and Innovative Activity, *Journal of Economic Behavior & Organization*, Vol. 71, No. 2.

[23] Dechow, P. M., Sloan, R. G., and Hutton, A. P., 1994: Detecting Earnings Management, *Accounting Review*, Vol. 70, No. 2.

[24] Fama, E. F. and Laffer, A. B., 1971: Information and Capital Markets, *Journal of Business*, Vol. 44, No. 3.

[25] Gelb, D. S. and Strawser, J. A., 2001: Corporate Social Responsibility and Fnancial Disclosures: An Alternative Explanation for Increased Disclosure, *Journal of Business Ethics*, Vol. 33.

[26] Hong, Y. T. and Andersen, M. L., 2011: The Relationship between Corporate Social Responsibility and Earnings Management: An Exploratory Study, *Journal of Business Ethics*, vol. 104, No. 4.

[27] Henry, E., 2008: Are Investors Influenced by How Earnings Press Releases are Written?, *Journal of Business Communication*, Vol. 45, No. 4.

[28] Kim, Y., Li, H., and Li, S., 2014: Corporate Social Responsibility and Stock Price Crash Risk, *Journal of Banking and Finance*, Vol. 43.

[29] Knox, S., Maklan, S., and French, P., 2005: Corporate Social Responsibility: Exploring Stakeholder Relationships and Programme Reporting across Leading FTSE Companies, *Journal of Business Ethics*, Vol. 61, No. 7.

[30] Merkley, K. J., 2014: Narrative Disclosure and Earnings Performance: Evidence from R&D Disclosure, *The Accounting Review*, Vol. 89, No. 2.

[31] Roychowdhury, S., 2006: Earnings Management Through Real Activities Manipulation, *Journal of Accounting and Economics*, Vol. 42.

[32] Schipper, K., 1989: Commentary on Earnings Management, *Accounting Horizons*, Vol. 56, No. 12.

[33] Verrecchia, R. E., 2001: Essays on Disclosure, *Journal of Accounting and Economics*,

Vol. 32.

[34] Zang, A. Y., 2012: Evidence on the Trade-off between Real Activity Manipulation and Accrual-based Earnings Management, *The Accounting Review*, Vol. 47, No. 2.

Corporate Social Responsibility Information Quality and Performance Manipulation
—A Text Analysis Based on the Annual Reports of A-share Listed Companies in Shanghai and Shenzhen

Yan Song   Shuai Li   Luguang Zhang

Abstract: This paper based on the 2013 – 2018 A-share listed-companies annual reports as sample, using the method of text analysis, build the social responsibility of keywords list, with the aid of Python program to extract and analyze enterprise in its annual report on the importance of social responsibility, combined with the behavioral finance theory and principal-agent theory, discusses the relationship between the corporate social responsibility and earnings management behavior. The results show that: enterprise to the social responsibility information disclosure more seriously, its accrual, the lower level of real earnings management, and the company will reduce both in the same direction of earnings management to adjust the profit, this shows that the enterprise attaches great importance to the social responsibility information disclosure to a certain extent, reflects the moral consciousness of the enterprise, the enterprise will pay more attention to their own long-term development and the interests of stakeholders, this also shows that the enterprise from the side of a more transparent and effective information disclosure behavior. This research results enrich the text analysis of corporate information disclosure and corporate social responsibility and earnings management.

Key Words: Corporate Social Responsibility   Earnings Management   Textual Analysis   Information Disclosure

JEL Classification: H20   M48

中国大企业特征研究：基于2015~2019年中国百强企业数据的分析

杨振一　孙孟子[*]

摘　要：大企业，尤其是百强企业是国家综合国力的重要体现之一，也是国家经济发展趋势的重要表现。为了全面把握我国大企业的发展现状和特征，本文根据中企联合网、财富中文网和相关企业年报的数据，对2015~2019年我国百强企业规模、产业分布、所有制和地区分布进行了分析，在前人基础上将2015~2019年百强企业与往年百强企业、世界百强企业进行对比，从中发现百强企业"大而不强"、国有企业效益提升较慢、区域和产业发展不协调等问题，并提出了针对性建议。

关键词：中国大企业　百强企业　经济效益　世界百强

一、引　　言

企业成长是一国经济发展的核心问题，对于经济转型国家来说更是如此。1978年以来，我国借鉴和吸收发达国家先进技术和产业化经验，在对内改革和对外开放的双引擎驱动下，实现了经济跨越式发展。1978~2013年我国GDP年均增长9.65%，2014~2019年，我国GDP年均增长6.62%。2019年，我国GDP近百万亿元（99.1万亿），折合14.4万亿美元，按不变价计算为2014年的1.5倍，稳居世界第二位；国家财政收入达19万亿元，为2014年的1.4倍；2014~2018年，我国对世界经济增长的平均贡献率接近30%，稳居世界第一位[①②]。虽然自2008年国际金融危机以来，我国经济增长，特别是GDP增速放缓，但是，我国仍是世界经济增长的动力之源、稳定之锚。我国经济腾飞的过程中，产业结构逐步优化，大中小企业在竞争与

---

[*] 本文受国家哲学社会科学基金重点项目"创新驱动我国制造业迈向全球价值链中高端研究"（18AJY011）资助。
　　杨振一：中国海洋大学管理学院；地址：青岛市崂山区松岭路238号，邮编：266100；Email：accayzy@163.com。
　　孙孟子：山东大学管理学院；地址：济南市山大南路27号，邮编：250100；Email：smz19962018@163.com，通讯作者。
① 数据来源：中华人民共和国国家统计局。
② 2019年我国对世界经济增长的贡献率数据在国家统计局网站上尚不可得。

合作中不断成长，一批优秀的企业脱颖而出，这些企业又进一步引领了我国市场经济改革和经济转型。大企业，特别是百强企业代表着一国的经济实力，对国民经济的作用举足轻重。百强企业多是与国家安全和人民生活息息相关的企业，掌握着大量资源，其发展态势对整个国民经济至关重要。

随着改革进入"深水区"，我国社会主要矛盾已转化为人民日益增长的美好生活需要和不平衡不充分的发展之间的矛盾，经济进入高质量发展阶段，从而企业也面临更急迫的转型升级的压力（刘元春，2014）。面对消费者个性化、多样化需求，自然资源成本高企，环境规制压力增大，我国企业，尤其是制造业企业面临在全球价值链（GVC）分工中"高不成、低不就"的困境。近几年，国际贸易摩擦频发，我国企业在国际市场面临更多的不确定性和风险，作为我国经济"领头羊"的百强企业亟须认清形势，采取适宜的战略，以求持续稳步发展。在这种背景下，以百强企业为代表的我国大企业在"质"和"量"上发生了什么变化？与世界百强企业在规模、成长性和经营效率上还存在多大差距？在与自身纵向对比和与世界百强企业横向对比中，我国大企业暴露出了什么问题，应该如何解决这些问题？本文选取我国百强企业作为研究对象，并以世界百强企业为参照，从百强企业规模、产业分布、经济效益等角度，将我国百强企业与世界百强企业进行横向对比。数据来源于历年中国企业联合会、中国企业家协会网站（以下简称中企联合网）发布的《中国500强企业发展报告》和财富中文网，剔除部分数据缺失项，以图表的形式将企业各项指标及其变化趋势展示出来。前人已对2002~2009年、2010~2014年百强企业进行了研究（杨蕙馨、金家宇，2010），本文将在此基础上，纵向对比2015~2019年百强企业与往年百强企业相关指标的变化，力求从中发现我国大企业发展状况及存在的问题并提出建议。

二、文献综述

早在20世纪末，我国学者就开始关注百强企业。在我国加入世贸组织之后，关于百强企业的研究逐渐增多。2002年中国企业联合会开始公布我国500强企业名单和相关数据，为我国学者研究我国大企业提供了有利的数据资源。关于百强企业的研究，现有文献多从某地区百强企业、某产业百强企业和民营百强企业的角度进行分析，少数学者从中国500强和世界500强的对比出发，探讨了我国企业和世界企业的差距（李建明、张永伟，2002），但是，从宏观角度分析我国500强企业整体发展状况的研究，多是由中国企业联合会发起，个人或团队较少涉及。

关于百强企业的整体特征研究，大多数学者从规模、成长性、经济效益、产业分布、地区分布、创新能力、国际化和与世界百强企业的差距等方面分析，根据这些指标发现问题并提出建议，已形成较为成熟全面的分析体系。毛蕴诗等（2002）着重从成长性和规模分析了世界500强企业特征，强调世界500强企业需要具备起码的规模和高成长性。规模与成长性这两个特征指标成为日后我国学术界探讨我国百强企业特征的重要指标。高成长性与经济效益往往呈正相关，因此经济效益成为分析百强企业必不可少的一方面，其中，收入利润率、资产周转率、劳动生产率是常用的经济效益衡量指标（中国企业联合会、中国企业家协会课题组，2009；杨蕙馨、金家宇，2010）。百强企业的产业分布和地区分布是评价我国产业结构和区域经济是否协调发展的指标之一，对协调产业和区域发展具有现实意义。杨洪涛、苟礼海（2013）详细分析了2012年我国500强企业的产业分布和地区布局结构，从区位条件分析了某些地区大企业集聚的原因。规模、成长性、经济效益、产业分布、地区分布是多数学者分析500强企业常涉及的方面，而对于创新能力、国际化水平和与世界企业的差距，不同学者会根据所掌握的数据资料和研究视角选择其中一个或几个指标进行分析。冯立果（2017）在分析了我国500强企业的效益、规模、所有制和行业特征后，对创新力和国际化水平也进行了剖析。李建明、缪荣（2005）从资产规模、营收水平、利润等维度对中美500强企业进行对比，不仅找出了中美企业的差距，而且总结了美国在培育大企业方面的经验。

现有文献研究多以某一年的数据为基础对我国企业和世界企业进行分析，中国企业联合会课题组自2002年开始发布我国企业500强的分析报告，虽然内容翔实全面，但是缺少纵向的趋势分析。从某一年的截面数据横向对比我国百强企业和世界百强企业，可以发现我国企业与世界企业的差距，但是这种差距随着时间的推移如何变化，会呈现何种趋势，截面数据显然不能给出整体、深入的解释，这时需要引入一定的时间跨度，在比较我国百强企业和世界百强企业的差距的同时，纵向比较我国百强企业的发展态势，以评估我国百强企业的发展前景，提出针对性的建议。2009年中国企业联合会基于2005~2009年的数据，分析了我国500强企业的发展态势（中国企业联合会课题组，2009），但是随着我国全面深化改革和对外开放度的提高，我国经济进入"新常态"且更加深刻地嵌入到全球价值链中，在这种具有历史特殊性的经济背景下，过往研究结论是否成立有待商榷，根据近五年数据对我国百强企业进行分析已成为现实需求。

三、百强企业规模与经济效益特征分析

（一）百强企业规模和成长性特征分析

企业的规模一定程度上代表了企业实力与地位，也是百强企业评选的重

要指标（毛蕴诗等，2002）。2015~2019年我国百强企业规模显著扩张。2015年位列第100位企业的营业收入超过1500亿元，至2019年，位列第100位的企业营业收入突破2000亿元。

成长性是企业生命力的体现，客观上反映出一家企业的市场竞争力，营业收入、利润、资产、员工数增长率则是学者在分析企业成长性时常用的指标。2015~2019年间百强企业的营业收入和利润总体呈增长趋势，其中2016年百强企业的营业收入较上年有所减少，2016年之后呈逐年上升趋势；2015~2019年间利润、资产和所有者权益逐年递增；2015~2019年间员工人数先增后减，2017年是拐点。表1显示，2016年，营业收入、利润、资产和所有者权益增速均出现明显下滑，其中营业收入出现负增长，可能的原因是，世界经济增速进一步放慢，国际大宗商品需求和价格持续下滑，全球贸易大幅减速，我国企业面临的国际经济形势严峻，出口不畅；同时，国内过剩产能治理进入关键阶段，投资增长后劲不足等对企业经营也产生了负面影响（陆燕，2016）。

表1　2015~2019年我国百强企业各指标平均值及增长率

项目	2015年	2016年	2017年	2018年	2019年
百强企业营业收入平均值（百万元）	382711.71	374173.04	396932.89	445479.74	494693.99
营业收入增长率（%）	4.55	-2.23	5.51	12.23	11.05
百强企业利润平均值（百万元）	20322.50	20494.18	20650.39	24140.02	26454.09
利润增长率（%）	9.17	0.84	0.76	16.90	9.57
百强企业资产平均值（百万元）	1676306.43	1849935.58	2093470.94	2247945.51	2399351.13
资产增长率（%）	16.27	10.36	13.16	7.38	6.74
百强企业所有者权益平均值（百万元）	187664.97	211033.70	229943.73	253455.78	267600.82
所有者权益增长率（%）	16.75	12.45	8.96	10.23	5.58
百强企业员工人数平均值（人）	192962	195071	206606	194811	197215

资料来源：作者根据财富中文网、中企联合网和部分百强企业官网整理所得。

（二）百强企业经济效益特征分析

除 2016 年劳动生产率略有下降，百强企业劳动生产率总体保持上升趋势，至 2019 年，劳动生产率较 2010 年提高一倍。我国百强企业在扩大规模的同时，生产效率也在不断提升（见图 1）。人工智能、云计算、工业机器人等科技迅猛发展且逐渐普及，减少了企业对劳动力的需求，同时变革了生产流程，提高了生产效率。2002～2019 年，百强企业营业收入利润率在 5% 的水平上下波动，2012 年以后变动很小，未出现较大提升，这可能与我国经济进入"新常态"、国际经济与贸易形势波动有关。资产周转率在 2011～2017 年逐年递减，2017 年以后略有上升，至 2019 年与 2003 年水平大抵相当，这一定程度上说明我国百强企业的资产周转速度未得到提升，资产利用效率也未得到有效改善。

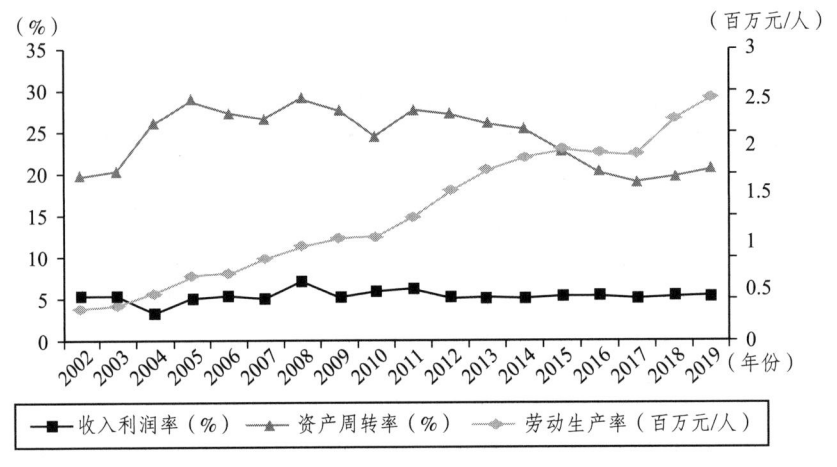

图 1　百强企业经济效益指标

资料来源：作者根据中企联合网、财富中文网相关数据计算所得。

亏损状况也是反映企业效益的重要指标。一般情况下，经济效益与亏损企业数成反比，经济效益越好，亏损现象越少。2015～2019 年，百强企业中亏损企业数呈下降趋势，但是和 2002～2009 年、2010～2014 年的百强企业相比，2015～2019 年的亏损企业数仍然较多。2002～2012 年，百强企业中亏损企业数量虽有波动，但一直保持在 10 家以下；自 2013 年起，亏损企业数目增加到 12 家，至 2017 年，亏损企业数目保持在 10 家以上，其中 2016 年百强企业亏损数达到自 2002 年以来的峰值，为 18 家，直到 2018 年降为 9 家。这很可能与我国十八大以后的经济改革和经济发展方式转变密切相关。随着改革进入"深水期"，改革产生的"阵痛"在百强企业经营状况中体现，企业在转型过程中由于对新发展方式不熟悉，转型初期尚缺乏新发展模式所需的资源、能力等要素，从而导致出现亏损的企业较多。

2016年之后，百强企业中亏损企业数目迅速下降，至2019年降至2016年的1/3，而且从2017年起，百强企业资产周转率经历了6年的连续下降后，开始逐渐上升，劳动生产率也出现了比往年更为显著的提高。亏损企业数目与劳动生产率、资产周转率呈现出一定的相关性，在收入利润率、资产周转率和劳动生产率较高的年份，企业亏损数目相对较少，在样本期后3年，资产周转率和劳动生产率持续提高，百强企业中亏损企业数目也持续下降。由此说明我国企业转型升级"红利"正在释放，资产利用效率和生产效率在企业转变经营管理模式与商业模式后逐步获得提升，企业亏损情况也因此得到改善。

（三）百强企业所有制异质性特征分析

我国国有企业改革已经持续进行了40多年，2002年党的十六大宣告社会主义市场经济体制初步确立，百强企业中国有企业和民营企业的发展状况成为检验我国国有企业改革与民营企业发展壮大的参考证据之一。本文将企业所有制性质分为国有企业和民营企业，不包括在华外资、港澳台独资及其控股企业，但包括在境外注册、投资主体为我国自然人或法人、主要业务在境内，属于我国银监会、保监会和各级国资委监管的企业。国有企业是指国有及国有控股企业，民营企业是指非国有企业，包括集体和私营企业。2010~2019年间，百强企业中的国有企业占绝大多数，民营企业占少数。但是国有企业数量呈下降趋势，而民营企业数量则呈上升趋势。这说明民营企业逐渐发展壮大，在国民经济中的地位越来越重要。国有企业营业收入和利润占比总体呈波动下降趋势，2010~2019年期间，下降幅度接近20%，但仍然占75%以上。国有企业资产占比总体下降，但至2019年仍占接近九成，国有企业资本基础依然雄厚，占据资源数量仍然比较庞大。民营企业的营业收入、利润和资产占比有显著提高，2019年民营企业营业收入占比达17.95%，是2010年的约3倍，利润占比达23.09%，是2010年的约5倍，资产占比达10.22%，是2010的5倍左右，但民营企业营业收入、利润和资产占比均未超过1/4，仍有较大的提升空间。

2010~2019年期间，百强企业中民营企业劳动生产率均高于国有企业。民营企业劳动生产率除2017年有下降以外，其余年份均保持上升趋势，国有企业劳动生产率在2016年略有下降，总体保持上升趋势。十年来，国有企业和民营企业劳动生产率均显著提高，2019年入围百强的国有企业劳动生产率达2.35百万元/人，是2010年（1.05百万元/人）的两倍；2019年百强企业中民营企业劳动生产率则是2010年的将近3倍。2010~2019年，除2012年和2013年，百强企业中民营企业资产周转率普遍高于国有企业，2012年民营企业资产周转率骤降，2013年之后逐渐恢复至40%左右的水平。

2010~2019年，国有企业和民营企业收入利润率变化并不显著，2019年国有企业收入利润率低于2010年水平，而2019民营企业收入利润率则略高于2010年水平。这些指标反映出民营企业具有较高的发展活力，在运营效率上有相对良好的表现。

样本期内不同所有制企业出现规模和效率不对等的现象，究其原因，本文认为国有企业建立与发展早，历史悠久，享有大量政策优惠，在数量和规模上占据绝对优势地位，然而，国有企业受行政干预较多，内部组织层级复杂，有的甚至是冗余，因此在一定程度上制约了运营效率，再考虑到部分国有企业由于存在垄断地位优势，相当一部分国有企业对市场变化的响应不敏感，导致盈利能力受限。与此形成对比的是，民营企业虽然起步较晚，总体规模较小，但是管理与经营相对灵活，对市场环境变化更加敏感，战略调整更加及时，其盈利能力和运营效率高于国有企业也在情理之中。另外，大多数民营企业对经理人实行公开选聘，吸纳具有丰富市场经验的职业经理人，以市场指标衡量经理层的管理绩效（杨蕙馨、曲媛，2008；夏凡，2020），也是民营企业运营效率高于国有企业的原因之一。

（四）百强企业区域异质性特征分析

百强企业在我国各地区的分布情况，一定程度上反映了我国区域协调发展水平。我国百强企业绝大多数分布于东部地区，2018年和2019年，位于东部地区的百强企业达九成，中部、西部、东北地区的百强企业相对较少（见表2）。2015~2019年，位于东部地区的百强企业营业收入、利润和资产占我国百强企业总收入、总利润和总资产的比重最高，远超其他地区的百强企业，且占比仍在提高。2010~2019年，位于西部地区的百强企业，其营业收入、利润和资产占比总体呈上升趋势，位于中部和东北地区的百强企业，其营业收入、利润和资产占比则呈下降趋势。这与我国长期以来东中西部地区发展不平衡有关。东部地区工业基础较好，地处沿海交通便利，易于进行国际经贸交流，其经济环境有利于百强企业的孕育和发展。2002~2013年，东部地区入围百强企业数量总体呈下降趋势，2013年之后则呈上升趋势，2018年以后东部地区占比超九成，高于往年最高水平。2002~2019年，西部地区入围百强企业数量略有上升，东北地区入围百强企业数量波动下降，2002~2012年，中部地区入围百强企业数量呈上升趋势，2013年以后则呈下降趋势。这可能与"一带一路"倡议实施对西部地区企业的拉动作用、东部沿海地区企业的积极参与有关，而近年东北老工业基地振兴战略实施的效果显现可能需要一段时间。所以，区域协调发展水平仍需提高，用市场机制促进区域间合作、消除区域壁垒仍具有现实意义（黄文、张羽瑶，2019）。对于发展水平相对落后的中部、西部和东北地区，应加大传统产业转型升级的引导扶持力度，通过相关优惠政策引导人才、资金等要素集聚，为企业提供良好的发展环境，淘汰落后产能，促进传统产业转型（张其仔、李蕾，2017；杨蕙馨、焦勇，2019），推动战略新兴产业的发展和集聚。

表2　百强企业地区分布及经济指标

项目		2010年	2011年	2012年	2013年	2014年	2015年	2016年	2017年	2018年	2019年
企业数（家）	东部	86	85	83	81	83	85	87	87	94	92
	中部	6	9	12	12	10	9	7	6	2	2
	西部	2	2	2	3	3	3	3	4	3	4
	东北	6	4	3	4	4	3	3	3	1	2
营业收入占比（%）	东部	92.20	90.93	90.22	89.07	89.57	90.71	91.90	91.40	94.85	93.91
	中部	3.93	5.58	6.75	7.03	6.40	5.60	4.40	3.63	1.90	1.68
	西部	0.82	0.82	0.84	1.35	1.43	1.53	1.68	2.86	2.83	2.77
	东北	3.06	2.67	2.18	2.56	2.60	2.16	2.02	2.11	0.42	1.64
利润占比（%）	东部	95.10	90.78	95.77	97.76	98.04	98.51	99.21	98.02	98.58	97.96
	中部	2.51	6.64	1.94	0.57	0.31	0.24	0.27	0.36	0.42	0.43
	西部	0.54	0.64	1.18	0.82	0.36	0.28		0.76	0.98	1.01
	东北	1.84	1.94	1.11	0.85	1.29	0.97	1.02	0.86	0.02	0.6
资产占比（%）	东部	98.14	97.81	97.67	97.31	97.38	98.06	98.4	98.44	99.01	98.85
	中部	0.87	1.33	1.59	1.53	1.42	1.06	0.87	0.71	0.26	0.24
	西部	0.23	0.25	0.25	0.50	0.50	0.48	0.47	0.58	0.57	0.58
	东北	0.76	0.61	0.48	0.66	0.70	0.40	0.26	0.27	0.16	0.33

注：地区划分方法使用国家统计局公布的《东西中部和东北地区划分方法》。2016年位于西部地区的百强企业利润为负，其占比未在表中列示。
资料来源：作者根据中企联合网、财富中文网相关数据计算所得。

四、百强企业产业异质性特征分析

（一）百强企业产业部门分布

百强企业的产业分布及变化一定程度上反映了我国产业结构的演变趋势。我国持续推进产业结构优化升级，大力培育发展先进制造业、现代服务业等高附加值产业，以百强企业为代表的我国大企业理应是推进各产业高质量发展的"领头羊"。2015～2019年，第二产业入围企业数量总体呈下降趋势，第三产业入围企业数量呈上升趋势，两者差距逐渐缩小（表3）。第二产业营业收入、利润和资产占比总体呈下降趋势，第三产业营业收入、利润和资产占比总体呈上升趋势。第三产业利润和资产占比明显高于第二产业，营业收入占比与第二产业差距逐年缩小，一定程度上说明第三产业的企业在规模和盈利能力上正在超越第二产业的企业。与 2002~2014 年百强企业产业分布相比，第一产业的企业退出了我国百强企业名单，第二产业和第三产业占据了我国百强企业榜单，且 2019 年第三产业企业数量与第二产业企业数量基本上各半。这说明经过 40 余年的改革开放，我国在基本完成工业化的任务的过程中，产业结构在逐步地优化升级，第三产业的发展取得了明显的成就。

表 3　　　　　我国百强上榜企业产业分布及各产业经济效益

	项目	2015 年	2016 年	2017 年	2018 年	2019 年
第二产业	企业数（家）	64	64	58	54	52
	营业收入占比（%）	65.53	62.58	58.79	55.18	54.53
	利润占比（%）	25.83	23.37	21.01	19.27	21.09
	资产占比（%）	18.66	18.47	16.59	16.27	15.40
	劳动生产率（百万元/人）	2.03	1.92	2.01	2.36	2.60
	收入利润率（%）	2.09	2.04	1.84	1.84	2.03
	资产周转率（%）	80.16	68.69	67.20	69.27	74.53
第三产业	企业数（家）	36	36	42	46	48
	营业收入占比（%）	34.47	37.42	41.21	44.82	45.47
	利润占比（%）	74.17	76.63	78.99	80.73	78.91
	资产占比（%）	81.34	81.53	83.41	83.73	84.60
	劳动生产率（百万元/人）	1.90	1.97	1.80	2.20	2.40
	收入利润率（%）	11.42	11.22	9.87	10.15	9.51
	资产周转率（%）	9.68	9.28	9.37	10.21	10.81

资料来源：作者根据中企联合网、财富中文网相关数据计算所得。

本文将 2015~2019 年我国百强企业数据和 2010~2014 年我国百强企业数据对比后发现，第二产业劳动生产率总体上高于第三产业，资产周转率也显著高于第三产业，而收入利润率则显著低于第三产业。2010~2019 年，第二产业劳动生产率稳步提高，收入利润率则明显下降，资产周转率总体呈先升后降态势。同期，第三产业劳动生产率逐步提升，收入利润率先升后降，资产周转率呈下降态势。这说明随着科学技术的进步，信息、科技等要素逐渐替代传统的劳动要素，成为提高生产效率的新动能。但由于经济下行压力较大与外部环境不确定性增大，企业所面临的宏观经济环境与国际环境并不乐观（宏观经济研究院经济形势课题组，2016），加之国际市场需求疲软，贸易保护主义抬头，企业要保持盈利的持续提升愈加困难。第二产业，尤其是绝大多数制造企业的市场均处于买方市场，产品品种、花色和质量欠佳与消费者多样化、高质量需求之间的差距逐渐突出，企业修炼"内功"、探索转型升级路径、调整商业模式的任务提上了议事日程，在此过程中出现利润增速放缓的现象从某种意义上似乎是"预料之中"。

（二）百强企业细分产业分布

仅从第二产业与第三产业两大产业部门分析百强企业所属产业的分布不足以详尽把握百强企业产业分布的具体情况，下面再对各细分产业中上榜的百强企业数量、规模和经济效益进行分类研究，其中制造业、金融服务业、房地产及建筑业和生产性服务业在百强企业中比重较大（见表4），本文对其做了重点分析和比较。

表4　　　　　　　　　各细分产业上榜企业相关指标

	项目	2010年	2011年	2012年	2013年	2014年	2015年	2016年	2017年	2018年	2019年
制造业	上榜数量（家）	39	38	36	34	35	34	37	34	35	35
	营业收入（百亿元）	598.14	814.73	967.42	1034.83	1178.25	1206.65	1185.96	1222.1	1374.3	1516.75
	营业收入增长率（%）	5.19	36.21	18.74	6.97	13.86	2.41	-1.71	3.05	12.45	10.37
	利润（百亿元）	20.19	29.51	21.72	17.01	18.83	19.43	22.56	23.34	27.88	32.42
	利润增长率（%）	36.81	46.16	-26.40	-21.70	10.67	3.23	16.06	3.48	19.45	16.28
	收入利润率（%）	3.38	3.62	2.25	1.64	1.60	1.61	1.90	1.91	2.03	2.14
金融服务业	上榜数量（家）	11	10	12	14	14	16	16	17	16	17
	营业收入（百亿元）	260.57	308.37	404.49	516.26	603.35	726.14	814.21	862.09	901.55	1007.02
	营业收入增长率（%）	-1.02	18.35	31.17	27.63	16.87	20.35	12.13	5.88	4.58	11.70
	利润（百亿元）	44.66	59.80	80.39	96.16	116.80	130.75	136.50	140.12	146.44	153.14
	利润增长率（%）	17.81	33.90	34.43	19.62	21.46	11.95	4.40	2.65	4.51	4.57
	收入利润率（%）	17.14	19.39	19.87	18.63	19.36	18.01	16.76	16.25	16.24	15.21

续表

	项目	2010年	2011年	2012年	2013年	2014年	2015年	2016年	2017年	2018年	2019年
房地产及建筑业	上榜数量（家）	7	7	7	7	8	8	8	7	7	8
	营业收入（百亿元）	157.78	208.71	240.56	275.63	356.33	392.50	455.82	462.69	516.07	617.21
	营业收入增长率（%）	38.12	32.28	15.26	14.58	29.28	9.24	16.13	1.51	11.54	19.60
	利润（百亿元）	3.89	4.73	3.50	4.25	7.97	8.99	12.88	13.06	19.05	21.70
	利润增长率（%）	71.04	21.41	-25.99	21.45	87.73	12.77	43.22	1.06	46.37	13.92
	收入利润率（%）	2.47	2.26	1.45	1.54	2.24	2.28	2.83	2.81	3.69	3.52
生产性服务业	上榜数量（家）	35	33	31	34	33	34	31	36	41	44
	营业收入（百亿元）	593.32	721.89	845.89	1021.77	1147.30	1272.95	1408.25	1541.83	1786.44	2069.87
	营业收入占比（%）	33.05	30.45	29.17	31.42	31.34	33.71	34.56	37.82	39.55	41.33
	利润（百亿元）	62.67	76.42	96.22	113.34	132.02	152.24	146.72	151.15	190.50	203.58
	利润占比（%）	59.57	54.71	28.47	68.25	70.92	73.14	74.18	76.32	75.70	74.48
	收入利润率（%）	10.56	10.59	11.38	11.09	11.51	11.96	10.42	9.80	10.66	9.84

注：行业分类依据国家统计局公布的《2017国民经济行业分类注释》，此分类标准是国家统计局按 GB/T 4754—2017《国民经济行业分类》国家标准第1号修改单修改后的版本，于2019年5月22日发布，详情可登录国家统计局官网查询。依据《生产性服务业统计分类（2019）》，表中生产性服务业包含"货物运输、通用航空生产、仓储和邮政快递服务业""信息服务业""金融服务业""商务服务业"和"批发与贸易经纪代理服务业"。

资料来源：作者根据中企联合网、财富中文网相关数据计算所得。

2015~2019年百强企业中，制造业企业数量最多，所占比重最大，金融服务业企业次之。与2010~2014年相比，属于农林牧渔业的企业均退出百强名单，商务服务业企业首次进入百强企业名单，且其上榜企业数量增加速度最快，从2010年时的2家增加到2019年的13家，而采矿业上榜企业数量大幅减少，从2012年时的15家减少到2019年的4家，这反映了近年来我国产业结构调整的趋势。在上榜企业中，第二产业中传统制造业企业占大多数，第三产业中金融服务业企业数量则处于绝对优势地位。百强企业中的制造企业大多是资本密集型企业，其发展运作和转型升级的资金需求量庞大，金融业的繁荣有利于制造业融资，但是，批发与贸易经纪代理服务业、货物运输、通用航空生产、仓储和邮政快递服务业、信息服务业以及商务服务业等生产性服务业的上榜企业数量显得有些单薄，所提供的生产性服务能否满足第一与第二产业、特别是制造业优化升级的需求，以及所提供的生活性服务能否满足人民高质量发展阶段的消费需求，是我国第三产业发展亟待解决的，也是亟待经济学与管理学研究者深入探讨的重大现实问题。

制造业上榜企业2015~2019年的发展情况不容乐观，其营业收入、利润增速放缓，且2016年制造业上榜企业的营业收入首次出现负增长，至2019年仍未恢复至2013年增速水平，2019年与2011年36.21%的增长率低25.84个百分点。2015~2019年制造业上榜企业利润率增长率升降波动频繁，但未出现2010~2014年的大幅起落。2010~2015年制造业上榜企业收入利润率呈下降趋势，2015年之后缓慢上升，至2019年仍未恢复到2011年水平。这从一方面说明我国制造业靠规模、低成本劳动力和资源驱动的时代已经结束，转型升级、提质增效任重道远。

由于金融服务业在生产性服务业中数量最多，规模最大，故本文对金融服务业的发展走势再进行一些分析。2015~2019年，上榜企业中金融服务业企业营业收入保持逐年递增态势，2016~2018年增速放缓，2019年有较大回升，但未超过2016年水平；同期利润保持增长趋势，2017年增速达近5年最低，2017年之后开始回升。2015~2019年上榜金融服务业企业的收入利润率水平整体低于2010~2014年水平，2019年达15.21%，是近十年最低点。相较于2010~2014年，2015~2019年金融服务业上榜企业的发展速度放缓。这可能说明近年我国鼓励金融服务实体经济取得了一定成效。

房地产及建筑业上榜企业的营业收入增长率和利润增长率在2010~2019年波动相对剧烈，其中利润增长率的波动尤其明显。2012年利润增长率跌至-25.99%，2014年利润增长率高达87.73%，短短3年，相差超过100%。2010~2012年收入利润率处于下行区间，2012~2019年则波动上升，2018年达3.69%，为近十年最高。这表明我国房地产业调控、坚持"房住不炒"开始显现成效。

根据国家统计局公布的《生产性服务业统计分类（2019）》，生产性服务业包括研发设计与其他技术服务业，货物运输、通用航空生产、仓储和邮政快递服务业，信息服务业，金融服务业，节能与环保服务业，生产性租赁服务业，商务服务业，咨询与调查服务业，人力资源管理与职业教育培训服务业，批发与贸易经纪代理服务业，生产性支持服务业。由于2019年国家统计局对生产性服务业的分类进行了修改，所以本文有必要根据最新统计标准和数据对生产性服务业上榜企业的数量和经济效益进行评析。

生产性服务业①企业入围中国百强的数量逐年递增。营业收入和利润占百强企业总营业收入和利润的比重总体呈上升趋势，至2019年，生产性服务业上榜企业营业收入占比已超4成，利润占比高达74.48%，收入利润率也远超制造业和房地产及建筑业。生产性服务业在国民经济中的地位愈加重要，对国民经济的发展起到了良好的助推作用。面向新时代的高质量发展向现代服务业提出了更高的要求，不仅是提升现代服务业的整体发展水平，而且迫在眉睫的是，随着国际贸易摩擦和全球价值链的争夺，我国必须尽快构建以国内需求为主导、保证我国产业链（供应链）安全为导向的现代服务业发展战略，鼓励服务业的新业态、新模式（凌永辉、刘志彪，2018）。

五、与世界百强企业对比

（一）我国企业入围世界100强、500强数量

2015～2019年，我国企业入围世界100强和世界500强的数量逐年攀升，2019年我国企业（不包括港澳台企业）有23家入围世界100强，仅次于美国（35家），位居世界第二（郝玉峰，2019）；我国企业（不包括港澳台企业）进入世界500强的数量达118家，与美国（121家）已非常接近，如果加入港澳台企业，我国进入世界500强的企业数量（129家）已超过美国。从2010年起，我国100强企业和500强企业进入世界100强和500强的数量逐年递增，至2018年，我国百强企业进入世界100强的数量超过2010年的5倍，我国500强企业进入世界500强的数量接近2010年的3倍。这反映了在我国经济总量逐年增大的同时，我国经济和大企业逐渐成为世界经济发展愈加重要的推动力量。

（二）与世界百强规模的对比

2010～2019年，我国企业入围世界百强的营业收入处于上升趋势，2019年我国企业入围世界百强的营业收入达3571460.7百万美元，是2010年的5倍。2011年营业收入增长率由负转正，2012年营业收入增长率达到2010～2019年期间营业收入增长率的顶点，随后增长速度放缓，2012～2016年，营业收入增长率一路下滑，至2016年跌至-4%，2016年以后营业收入增长率逐步回升，至2018年转负为正。世界百强企业营业收入走势与我国入围世界百强企业营业收入走势大体一致，但我国入围世界百强企业营业收入增长率始终高于世界百强企业营业收入增长率。我国入围世界百强企业营业收

---

① 因金融服务业上榜企业的经济指标已经单独分析，所以，此处的生产性服务业上榜企业不包括金融服务业上榜企业。

入占世界百强企业营业收入的比重逐年提高,从2010年的6.27%提升到2019年的23.69%。2019年我国企业入围世界百强的利润增长到2010年的5倍(见图2),我国入围世界百强企业利润占比在2016年以前呈上升趋势,至2016年达到峰值34.51%,随后呈下降态势。我国入围世界百强企业利润增长率与营业收入增长率趋势相似,2010~2012年快速上升,2012~2017年逐渐下降,至2017年跌为负值(-20.58%),2018年、2019年利润增长率转负为正。2010~2015年,世界百强利润增长率波动下降,2010~2019年则逐年递增。我国百强企业营收和利润增长态势与世界百强企业营收和利润增长态势存在一致性,原因在于我国企业全球价值链嵌入程度在逐步提高,我国企业的发展与世界经济形势密不可分。

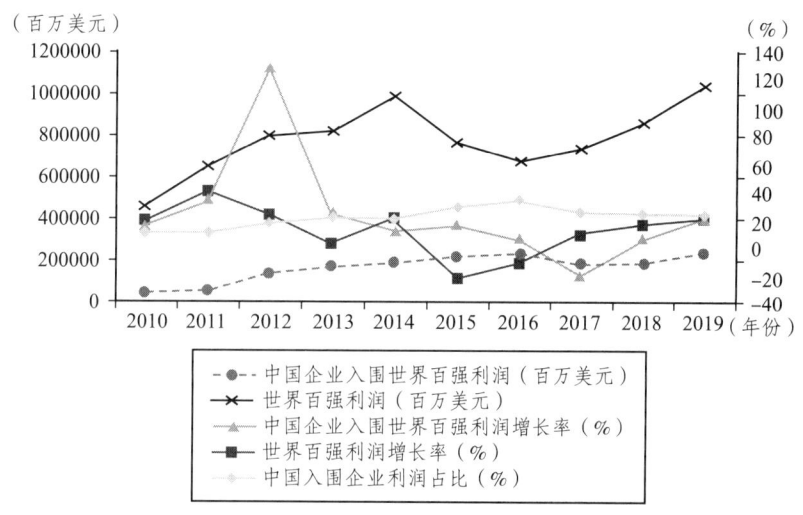

图2 我国入围世界百强企业和世界百强企业利润相关指标

资料来源:作者根据中企联合网、财富中文网相关数据计算所得。

(三)与世界百强经济效益的对比

入围世界百强的我国大企业在数量和规模上有了显著提升,但在经济效益上与世界百强企业仍存在明显差距。2010~2019年,我国入围世界百强企业和世界百强企业的劳动生产率呈"上升—下降—上升"的态势,变化趋势和变化幅度大体相当,我国入围世界百强企业劳动生产率仍低于世界百强企业。相较于2010年,2019年我国上榜企业和世界百强企业的劳动生产率均有显著提升,且我国企业与世界百强企业劳动生产率差距略有减小。

2010~2019年,我国入围企业收入利润率在2012以后呈下降趋势,世界百强企业收入利润率则呈"上升—下降—再上升"的趋势,2019年之前,我国入围世界百强企业收入利润率均高于世界百强企业，2019年，世界百强企业收入利润率超过我国企业。我国上榜企业资本密集度变化趋势在2015年之后与世界百强企业资本密集度变化趋势几乎重合，呈"U"型走势，至2019年，我国上榜企业资本密集度首次超越世界百强企业。2010年、2011年我国入围企业和世界百强企业资产周转率同为上升趋势，我国资产周转率高于世界百强企业；2012年我国入围企业资产周转率骤降，此后徘徊于15%~19%之间，均低于世界百强企业水平（见图3）。

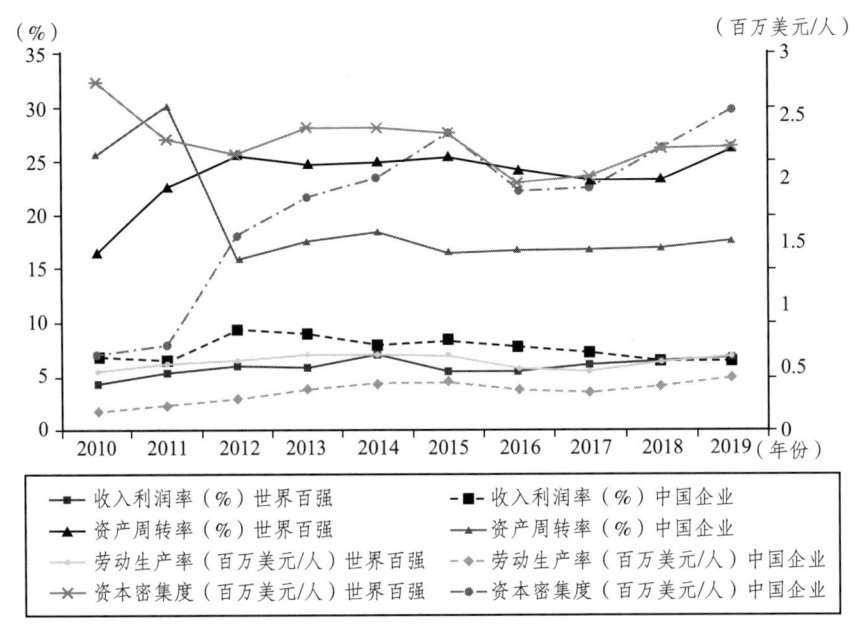

图3 我国入围世界百强企业和世界百强企业经济效益对比

资料来源：作者根据财富中文网相关数据计算所得。

总体来看，虽然我国企业入围世界百强的数量逐年增多，企业规模也逐渐扩大，但近五年我国入围世界百强企业的经济效益并不乐观，生产效率、资金使用效率和经营绩效的提升势头减弱，与世界百强企业水平仍存在较大差距。本文认为原因在于企业的转型升级存在一定的时滞性，尤其是大型制造企业的转型升级，例如生产设备的更新换代、组织结构的调整重构、技术人员的学习培训，都需要一定时间适应，而且受组织刚性和变革惰性阻碍，企业甚至会出现增长速度减缓的"徘徊期"，所以未能短时间内在经济效益指标上显示出"正的效应"。在这种背景下，密切关注国际形势变化，高度关注新产业、新技术的动向，以世界一流企业为标杆，加快创新驱动发展成为以百强企业为代表的我国大企业提高效益和竞争力的必由之路（中国企业联合会课题组，2009；刘兴国，2019）。

六、结论与政策建议

(一) 结论

1. 我国企业规模在逐渐做大,但经济效益和抗风险能力有待进一步提升

以百强企业为代表的我国大企业在规模上与世界大企业差距显著缩小,但是在效率效益方面仍和世界水平有一定差距。数据显示,我国上榜企业"大而不强"的问题仍未从根本上克服,其中收入利润率、资产周转率甚至呈现停滞状态。与世界百强企业相比,我国上榜企业规模在逐步增大的同时,劳动生产率却持续低于世界百强企业,收入利润率近十年首次低于世界百强企业,资产周转率在2012年以后持续低于世界百强企业。纵观近十年数据,我国百强企业资本密集度快速提高,但劳动生产率、收入利润率和资产周转率提升速度相对滞后,说明我国百强企业虽然资本投入较多,但是却没有能够在资本投入增加的同时改善盈利能力,资产利用效率尚存在较大提升空间。我国百强企业经济效益随经济环境的变化而波动明显,以金融业和房地产及建筑业为例,近十年发展过程并不顺畅,营业收入和利润增速起伏较大,易受市场波动影响,面对不确定性环境缺乏韧性,其防范风险能力和应变能力都需进一步改善和提升。

2. 新时代国有企业提质增效依然任重道远,不同所有制企业公平竞争、共同发展的格局尚未真正形成

国有企业在数量和规模上占据绝对主导地位,控制着国民经济命脉,但是在经济效益指标上并没有体现出高于民营企业的显著优势,反而在劳动生产率、资产周转率方面低于民营企业。国有企业占有大量资源,拥有较为庞大的员工队伍,其运营效率关系着国计民生和社会稳定,这表明国有企业深化改革、提质增效任重道远,需要全社会齐心协力共同推进。国有企业凭借规模和政策优势形成了部分行业的垄断地位,造成行业高进入壁垒,以致民营企业在与国有企业竞争中处于劣势地位,从而难以形成公平竞争的市场格局。

3. 制造业增长乏力,生产性服务业内部发展不均衡

中国作为世界制造业第一大国,制造业行稳致远是我国经济平稳和高质量发展的重要压舱石。面对更加复杂的国际市场、日益高企的成本,尤其是疫情的冲击,我国制造业依靠低成本、大规模出口获得增长的时代一去不返。党的十九大报告中明确指出,"必须坚持质量第一、效益优先,以供给侧结构性改革为主线,推动经济发展质量变革、效率变革、动力变革,提高全要素生产率"。在深化供给侧结构性改革中,要大力推进我国制造业的优化升级,发展先进制造业。经过40余年的改革开放,我国在基本上了完成工业化任务的同时,产业结构不断优化,服务业得到了较为长足的发展。根据国家统计局最新公布的《生产性服务业统计分类（2019）》，百强企业中生产性服务业企业上榜数量已超四成，上榜企业所属产业门类更加齐全，其营业收入、利润、资产在百强企业中也占有很大比重。但是，金融服务业多年来处于主导地位的局面还未有改观，而知识和技术密集型的研发设计与其他技术服务业、信息服务业、节能与环保服务业、咨询与调查服务业和人力资源管理与职业教育培训服务业企业鲜有上榜，生产性服务业的发展水平和内部协调性仍然欠佳。

4. 区域发展不协调问题仍有待解决

位于东部地区的百强企业数量远超其他地区，其营业收入、利润和资产占比亦占据绝对优势，其他地区企业和东部企业的差距有扩大的趋势。这与我国实现区域协调发展的目标不符，如果不加扭转，中西部与东部地区的差距将会逐渐扩大，这显然离十九大报告中提出的实施区域协调发展战略的要求还有较大差距。

（二）政策建议

1. 深化创新驱动战略，促进企业修炼"内功"

为提高企业经济效益和抗风险能力，各级政府应继续深化创新驱动发展战略，进一步优化营商环境，鼓励创新创业和激发企业家精神，引导资金流向具有乘数效应的先进制造业和现代服务业。同时，企业应注重创新驱动与内涵发展，防止一味追求规模扩张，聚焦主营业务和深耕目标市场，及时剥离与核心竞争力无关的业务，提高研发创新投入，培育大国"工匠精神"，力求在关键技术上取得突破，减少对外国技术的依赖，打破发达国家在"卡脖子"技术上的封锁。在此基础上培育具有国际竞争力的品牌，开拓国际营销渠道，向全球价值链（GVC）中高端环节延伸，提高与国外跨国公司竞争的能力。在国际贸易摩擦频繁和贸易保护主义抬头的当下，我国企业面临的海外经营风险明显增大。美国政府于2018年挑起中美贸易摩擦，严重威胁了我国出口导向型企业的生存与发展。随着发达国家"再工业化"战略的实施，发达国家在知识密集型、高附加值产业上的垄断地位可能会加强，对发展中国家的技术封锁将更严格，发展中国家的企业如果在技术创新上不能取得成效，与发达国家在先进制造技术上的差距会进一步拉大，发展中国家的企业将陷入更加不利的局面。我国作为最大的发展中国家，面临的挑战更加严峻。对此，我国企业应该清楚地认识到国际环境的变化带来的风险与不确定性，加快创新驱动战略实施，布局全球市场，在研发设计、技术创新和国际营销渠道上争取突破发达国家跨国公司的牵制。

2. 鼓励国有企业和民营企业"同台竞争"，优化国有企业产权结构和公司治理结构

本文认为，政府是国有企业改革的主要推动力量，所以，在新时代政府

应当对国有企业的改革做好顶层设计。首先，在不影响国家安全和社会稳定的情况下，逐步放开部分垄断行业，让有资质的民营企业进入，形成民营企业和国有企业在市场机制下公平竞争的局面，以"鲶鱼效应"激发国有企业危机意识，促使国有企业自我革新。其次，根据国有企业所提供的产品性质对国有企业产权结构进行调整，结合国有企业具体情况，一企一策，深化混合所有制改革，对于关乎国计民生的国有企业，在保证国有资本控股的前提下鼓励社会资本参与国有企业，形成国有资本和非国有资本交叉持股的状态。最后，优化国有企业的治理结构，一方面建立并完善党组织对国有企业的监督管理体制，监督并指导国有企业领导人合法、高效行使权力，打击国有企业高管腐败，防止国有资产流失；另一方面大胆起用具备创新精神和管理经验的人才，尝试管理队伍年轻化，健全完善职业经理人选聘、考核、薪酬和退出机制，增强国有企业活力。

3. 促进制造业优化升级和生产性服务业均衡发展，引导资源要素向生产性服务业流动

制造业是实体经济主体，制造业优化升级至关重要。随着大数据、云计算、人工智能等技术日臻成熟，智能制造成为先进制造业的典型生产方式，所以本文建议，对于传统制造业应逐步引入大数据、云计算、物联网等数字技术，促进制造企业向数字化、智能化方向发展，创新传统制造企业商业模式；对于战略新兴产业，应吸引高端创新型人才向先进制造业流动，发展特色产业集群，以集聚效应带动制造业增长。

鉴于我国生产性服务业发展不协调、不充分的现状，本文建议，一方面，政府应引导生产性服务业集聚发展，通过产业园区规划和工业互联网平台建设促进生产性服务业与制造业的融合，吸引、培育既掌握先进制造技术，又通晓现代服务业运作原理的综合性人才，为生产性服务业的壮大积累人力资本；另一方面，政府应放宽生产性服务业准入领域，鼓励社会资本和生产要素向知识、技术密集型生产性服务业流动，建立公平、公开的准入制度，减少阻碍要素流动的行政壁垒，对生产性服务业中的中小企业辅以政策倾斜，在融资和税收方面予以优惠，降低中小企业的融资成本和经营成本。由于生产性服务业中金融服务业相对发达，政府可考虑引导金融资本支持生产性服务业中的其他产业，实现生产性服务业的协调发展，以期抓住新一轮科技革命和产业变革趋势，推动制造业和服务业深度融合。

4. 坚持培育内生发展动力和加强区域互助合作，促进区域协调发展

结合各区域发展现状，本文建议，各级政府应深入落实区域协调发展战略，根据各地区资源条件具体问题具体分析，既要坚持内生发展，又要推动区域合作互助。

从内生发展方面，中西部地区不要过度依赖承接东部地区产业转移，应积极发展当地优势特色产业，发挥本地比较优势。各区域加大对交通、通信

基础设施的投入,积极布局"新基建",发挥互联网在信息资源整合和知识技术创新方面的优势,提高区域间互联互通程度,优化资源配置,克服资源约束,加快创新驱动发展。欠发达地区以发达地区为标杆,结合自身资源条件探索新发展模式。中西部地区加大创新创业支持力度,提高政策灵活性,为创业者提供融资、技术和财税方面的优惠,尤其要对创业失败予以包容。

从区域合作发展方面,各地方政府应打破阻碍要素流动的行政、制度壁垒,推动区域市场一体化;根据地理位置、产业关联度开展省际战略合作,各地区优势互补,精准帮扶,例如以长江经济带为沟通东、中、西部的桥梁,加强上下游产业链联系,形成以国家和区域中心城市为枢轴,以产业链为纽带的协同发展体系。另外,中西部地区可以借助"一带一路"的良好契机,提高对外开放水平,融入全球价值链,广泛开展国际技术合作,开拓海外市场。

参 考 文 献

[1] 冯立果:《从"大"走向"伟大"——2017 中国企业 500 强分析报告》,载《企业管理》2017 年第 9 期。

[2] 郝玉峰:《中国大企业:在挑战中成长》,载《企业管理》2019 年第 9 期。

[3] 宏观经济研究院经济形势课题组:《经济长期稳定增长的基础没有改变——2015 年经济形势分析及 2016 年展望》,载《宏观经济管理》2016 年第 1 期。

[4] 黄文、张羽瑶:《区域一体化战略影响了中国城市经济高质量发展吗?——基于长江经济带城市群的实证考察》,载《产业经济研究》2019 年第 6 期。

[5] 李建明、缪荣:《中美企业 500 强比较及其启示》,载《中国工业经济》2005 年第 11 期。

[6] 李建明、张永伟:《中国大企业培育国际竞争力的对策——基于中外企业 500 强的差距分析》,载《中国工业经济》2002 年第 9 期。

[7] 凌永辉、刘志彪:《中国服务业发展的轨迹、逻辑与战略转变——改革开放 40 年来的经验分析》,载《经济学家》2018 年第 7 期。

[8] 刘兴国:《2019 中国企业 500 强分析》,载《企业管理》2019 年第 9 期。

[9] 刘元春:《2014 年中国宏观经济形势分析——当前和中长期经济走势及政策建议》,载《经济学动态》2014 年第 11 期。

[10] 陆燕:《云低霜重多冷暖,冬去春来半阴晴——世界经济形势年度分析与展望》,载《国际经济合作》2016 年第 1 期。

[11] 毛蕴诗、孙景武、杜慕群、曾国军:《世界五百强的特征及其对中国企业的启示》,载《中山大学学报(社会科学版)》2002 年第 5 期。

[12] 夏凡:《国有企业收入分配要弘扬正向激励导向》,载《学习时报》2020 年 1 月 15 日。

[13] 杨洪涛、荀礼海:《中国企业 500 强布局与产业转移的趋势及承接对策研究》,载《经济问题探索》2013 年第 1 期。

[14] 杨蕙馨、焦勇:《抓住制造业高质量发展的关键》,载《人民日报》2019 年 8 月

28日。

[15] 杨蕙馨、金家宇:《2002~2009年中国百强企业分析》,载《山东社会科学》2010年第6期。

[16] 杨蕙馨、曲媛:《中国国有企业改革及其治理》,载《首都经济贸易大学学报》2008年第1期。

[17] 张其仔、李蕾:《制造业转型升级与地区经济增长》,载《经济与管理研究》2017年第2期。

[18] 中国企业联合会课题组:《中国大企业发展的最新趋势、问题和建议》,载《中国工业经济》2009年第9期。

[19] 中国企业联合会、中国企业家协会课题组:《透视中国企业500强——2002年中国企业500强分析报告》,载《企业管理》2009年第9期。

The Research on the Characteristics of Chinese Large Enterprises: Based on An Analysis of Top 100 Chinese Enterprises from 2015 to 2019

Zhenyi Yang   Mengzi Sun

Abstract: Large enterprises, especially top 100 enterprises, are not only one of the important embodiment of the comprehensive national strength, but also the important manifestation of the national economic development trend. In order to fully grasp the development status of Chinese large enterprises, this paper analyzes the scale, industrial distribution, ownership and regional distribution of China's top 100 enterprises in 2015 – 2019, based on the data of China Enterprise Federation, China Enterprise Directors Association, Fortune China network and relevant enterprise annual report. On the basis of predecessors, the top 100 enterprises in 2015 – 2019 are compared with the top 100 enterprises in previous years and the top 100 enterprises in the world. This paper finds some problems of top 100 enterprises that (1) the top 100 enterprises of China are "large but not great", (2) the growth of performance of state-owned enterprises is slow, and (3) the development of different region and industries is not harmonious. Finally, this paper puts forward relevant suggestions for Chinese large enterprises.

Key Words: Chinese Large Enterprises   Top 100 Enterprises   Economic Efficiency   Top 100 Enterprises in the World

JEL Classification: M10   N80

《产业经济评论》投稿体例

　　《产业经济评论》是由山东大学经济学院、山东大学产业经济研究所主办，由经济科学出版社出版的开放性产业经济专业学术文集。它以推进中国产业经济科学领域的学术研究、进一步推动中国产业经济理论的发展，加强产业经济领域中海内外学者之间的学术交流与合作为宗旨。《产业经济评论》为中文社会科学引文索引（CSSCI）来源集刊。

　　《产业经济评论》是一个中国经济理论与实践研究者的理论、思想交流平台，倡导规范、严谨的研究方法，鼓励理论和经验研究相结合的研究路线。《产业经济评论》欢迎原创性的理论、经验和评论性研究论文，特别欢迎有关中国产业经济问题的基础理论研究和比较研究论文。

　　《产业经济评论》设"综述"、"论文"和"书评"三个栏目。其中："综述"发表关于产业经济领域最新学术动态的综述性文章，目的是帮助国内学者及时掌握国际前沿研究动态；"论文"发表原创性的产业经济理论、经验实证研究文章；"书评"发表有关产业经济理论新书、新作的介绍和评论。

　　《产业经济评论》真诚欢迎大家投稿，以下是有关投稿体例说明。

　　1. 稿件发送电子邮件至：rie@sdu.edu.cn。

　　2. 文章首页应包括：

　　（1）中文文章标题；（2）200字左右的中文摘要；（3）3~5个关键词；（4）作者姓名、署名单位、详细通信地址、邮编、联系电话和Email地址。

　　3. 文章的正文标题、表格、图形、公式须分别连续编号，脚注每页单独编号。大标题居中，编号用一、二、三；小标题左齐，编号用（一）、（二）、（三）；其他用阿拉伯数字。

　　4. 正文中文献引用格式：

单人作者：

"Stigler（1951）……"、"……（Stigler，1951）"、"杨小凯（2003）……"、"……（杨小凯，2003）"。

双人作者：

"Baumol and Willig（1981）……"、"……（Baumol and Willig，1981）"、"武力、温锐（2006）……"、"……（武力、温锐，2006）"。

三人以上作者：

"Baumol et al.（1977）……"、"……（Baumol et al.，1977）"。

"于立等（2002）……"、"……(于立等，2002)"。

文献引用不需要另加脚注，所引文献列在文末参考文献中即可。请确认包括脚注在内的每一个引用均有对应的参考文献。

5. 文章末页应包括：参考文献目录，按作者姓名的汉语拼音或英文字母顺序排列，中文在前，word自动编号；英文文章标题；与中文摘要和关键词对应的英文摘要和英文关键词；2~4个JEL（*Journal of Economic Literature*）分类号。

参考文献均为实引，格式如下，请注意英文书名和期刊名为斜体，中文文献中使用全角标点符号，英文文献中使用半角标点符号：

［1］武力、温锐：《1949年以来中国工业化的"轻重"之辨》，载《经济研究》2006年第9期。

［2］杨小凯：《经济学——新兴古典与新古典框架》，社会科学文献出版社2003年版。

［3］于立、于左、陈艳利：《企业集团的性质、边界与规制难题》，载《产业经济评论》2002年第2期。

［4］Baumol, W. J. and Willig, R. D., 1981: Fixed Costs, Sunk Costs, Entry Barriers, and Sustainability of Monopoly, *The Quarterly Journal of Economics*, Vol. 96, No. 3.

［5］Baumol, W. J., Bailey, E. E., and Willig, R. D., 1977: Weak Invisible Hand Theorems on the Sustainability of Multiproduct Natural Monopoly, *The American Economic Review*, Vol. 67, No. 3.

［6］Stigler, G. J., 1951: The Division of Labor is Limited by the Extent of the Market, *Journal of Political Economy*, Vol. 59, No. 3.

［7］Williamson, O. E., 1975: *Markets and Hierarchies*, New York: Free Press.

6. 稿件不做严格的字数限制，《综述》、《论文》栏目的文章宜在8000字以上，欢迎长稿。

7. 投稿以中文为主，海外学者可用英文投稿，但须是未发表的稿件。稿件如果录用，由本刊负责翻译成中文，由作者审查定稿。文章在本刊发表后，作者可以继续在中国以外以英文发表。

8. 在收到您的稿件时，即认定您的稿件已专投《产业经济评论》并授权刊出。《产业经济评论》已被《中国学术期刊网络出版总库》及CNKI系列数据库收录，如果作者不同意文章被收录，请在投稿时说明。

《产业经济评论》的成长与提高离不开各位同仁的鼎力支持，我们诚挚地邀请海内外经济学界的同仁踊跃投稿，并感谢您惠赐佳作。我们的愿望是：经过各位同仁的共同努力，中国产业经济研究能够结出更丰硕的果实！

让我们共同迎接产业经济理论繁荣发展的世纪！